上海市工程建设规范

桥梁抗震设计标准

Standard for seismic design of bridges

DG/TJ 08—2440—2023
J 17271—2023

主编单位：上海市政工程设计研究总院(集团)有限公司
　　　　　同济大学
批准部门：上海市住房和城乡建设管理委员会
施行日期：2024 年 3 月 1 日

同济大学出版社

2024　上海

图书在版编目(CIP)数据

桥梁抗震设计标准 / 上海市政工程设计研究总院(集团)有限公司,同济大学主编. —上海:同济大学出版社,2024.3
 ISBN 978-7-5765-1084-3

Ⅰ. ①桥… Ⅱ. ①上… ②同… Ⅲ. ①桥梁结构-抗震设计-设计标准-上海 Ⅳ. ①U442.5-65

中国国家版本馆 CIP 数据核字(2024)第 046115 号

桥梁抗震设计标准

上海市政工程设计研究总院(集团)有限公司
同济大学　　　　　　　　　　　　　　　主编

责任编辑　朱　勇
责任校对　徐春莲
封面设计　陈益平

出版发行　同济大学出版社　www.tongjipress.com.cn
　　　　　(地址:上海市四平路 1239 号　邮编:200092　电话:021-65985622)
经　　销　全国各地新华书店
印　　刷　浦江求真印务有限公司
开　　本　889mm×1194mm　1/32
印　　张　6.875
字　　数　172 000
版　　次　2024 年 3 月第 1 版
印　　次　2024 年 3 月第 1 次印刷
书　　号　ISBN 978-7-5765-1084-3
定　　价　70.00 元

本书若有印装质量问题,请向本社发行部调换　　版权所有　侵权必究

上海市住房和城乡建设管理委员会文件

沪建标定〔2023〕476号

上海市住房和城乡建设管理委员会关于批准《桥梁抗震设计标准》为上海市工程建设规范的通知

各有关单位：

　　由上海市政工程设计研究总院（集团）有限公司和同济大学主编的《桥梁抗震设计标准》，经我委审核，现批准为上海市工程建设规范，统一编号为 DG/TJ 08—2440—2023，自 2024 年 3 月 1 日起实施。

　　本标准由上海市住房和城乡建设管理委员会负责管理，上海市政工程设计研究总院（集团）有限公司负责解释。

上海市住房和城乡建设管理委员会
2023 年 9 月 1 日

前 言

根据上海市住房和城乡建设管理委员会《关于印发〈2022年上海市工程建设规范、建筑标准设计编制计划〉的通知》(沪建标定〔2021〕829号)要求,标准编制组在充分总结以往经验,结合新的发展形势和要求,参考国家、行业及本市相关标准、规范和文献资料,并在广泛征求意见的基础上,编制了本标准。

本标准的主要内容有:总则;术语和符号;基本要求;场地、地基与基础;地震作用;抗震分析;抗震验算;抗震构造细节设计;预制拼装桥墩抗震设计;桥梁减隔震设计;大跨度桥梁抗震设计;抗震措施;附录A;附录B;附录C。

各单位及相关人员在执行本标准过程中,如有意见和建议,请反馈至上海市交通委员会(地址:上海市世博村路300号1号楼;邮编:200125;E-mail:shjtbiaozhun@126.com),上海市政工程设计研究总院(集团)有限公司(地址:上海市中山北路901号;邮编:200092;E-mail:smedi@smedi.com),上海市建筑建材业市场管理总站(地址:上海市小木桥路683号;邮编:200032;E-mail:shgcbz@163.com),以便今后修订时参考。

主 编 单 位: 上海市政工程设计研究总院(集团)有限公司
同济大学
主要起草人: 岳贵平　叶爱君　管仲国　贺　健　王志强
梁发云　田周松　张德明　屈宏雅　王晓伟
汪中卫
主要审查人: 鲍卫刚　刘千伟　李建中　周山水　陆元春
过震文　邓青儿　李　超

上海市建筑建材业市场管理总站

目 次

1 总 则 ··· 1
2 术语和符号 ··· 2
　2.1 术 语 ·· 2
　2.2 符 号 ·· 4
3 基本要求 ··· 14
　3.1 抗震设防标准 ··· 14
　3.2 地震影响 ··· 15
　3.3 抗震设计方法与抗震设计流程 ······································· 16
　3.4 桥梁抗震体系 ··· 18
　3.5 抗震概念设计 ··· 19
4 场地、地基与基础 ··· 22
　4.1 场 地 ·· 22
　4.2 地基的液化 ··· 22
　4.3 地基承载力 ··· 26
　4.4 桩基础 ··· 27
5 地震作用 ··· 28
　5.1 一般规定 ··· 28
　5.2 设计加速度反应谱 ··· 28
　5.3 设计地震动加速度时程 ··· 31
　5.4 地震主动土压力和动水压力 ··· 31
　5.5 作用效应组合 ··· 34
6 抗震分析 ··· 35
　6.1 一般规定 ··· 35
　6.2 建模原则 ··· 38
　6.3 反应谱法 ··· 40

  6.4 时程分析法 ………………………………………… 41
  6.5 规则桥梁抗震分析 …………………………………… 41
  6.6 能力保护构件计算 …………………………………… 47
  6.7 桥　台 ………………………………………………… 49
7 抗震验算 ………………………………………………… 51
  7.1 一般规定 ……………………………………………… 51
  7.2 E1 地震作用下抗震验算 …………………………… 51
  7.3 E2 地震作用下抗震验算 …………………………… 54
  7.4 能力保护构件验算 …………………………………… 60
8 抗震构造细节设计 ………………………………………… 65
  8.1 一般规定 ……………………………………………… 65
  8.2 墩柱结构构造 ………………………………………… 65
  8.3 节点构造 ……………………………………………… 68
9 预制拼装桥墩抗震设计 …………………………………… 74
  9.1 一般规定 ……………………………………………… 74
  9.2 预制拼装桥墩抗震构造设计 ………………………… 74
  9.3 预制拼装桥墩抗震分析和验算 ……………………… 76
10 桥梁减隔震设计 ………………………………………… 77
  10.1 一般规定 …………………………………………… 77
  10.2 减隔震装置 ………………………………………… 77
  10.3 减隔震桥梁地震反应分析 ………………………… 80
  10.4 减隔震桥梁抗震验算 ……………………………… 82
11 大跨度桥梁抗震设计 …………………………………… 84
  11.1 一般规定 …………………………………………… 84
  11.2 建模与分析原则 …………………………………… 84
  11.3 性能要求与抗震验算 ……………………………… 86
12 抗震措施 ………………………………………………… 87
附录 A 地面加速度时程曲线 ……………………………… 92
附录 B 上海典型高架桥梁抗震体系 ……………………… 97
附录 C 上海大跨度桥梁典型约束体系 …………………… 105

D_{DDC}——E2 地震下相邻联（跨）间的最大纵向相对位移；

E_B——板式橡胶支座承受的水平力，可按能力保护构件计算的支座水平力和按 E2 地震反应与永久及温度效应组合后支座水平力结果的小值确定；

E_{BP}——盆式支座和球型固定支座承受的水平力，可按能力保护构件计算的支座水平力和按 E2 地震反应与永久及温度效应组合后支座水平力结果的小值确定；

E_{CP}——按能力保护构件计算的支座水平力；

E_{ea}——地震主动土压力；

E_{hau}——作用于台身质心处的水平地震力；

E_{hze}——地震作用下橡胶支座的水平地震力；

E_{hzd}——永久作用产生的橡胶支座水平力；

E_{hzh}——地震作用效应、永久作用效应和均匀温度作用效应组合后板式橡胶支座或固定盆式支座的水平力设计值；

E_{hzT}——均匀温度引起的橡胶支座的水平力；

E_i——计算方向 i 总的设计最大地震作用效应；

E_{iX}——X 向地震作用在计算方向 i 产生的最大效应；

E_{iY}——Y 向地震作用在计算方向 i 产生的最大效应；

E_{iZ}——Z 向地震作用在计算方向 i 产生的最大效应；

E_{kti}——顺桥向作用于活动支座顶面处的水平地震力；

E_{ktp}——顺桥向作用于固定支座顶面或横桥向作用于上部结构质心处的水平地震力；

E_{max}——固定支座容许承受的最大水平力；

E_{pc}——承台侧被动土压力；

f_v, f_h——节点沿竖直方向、水平方向的正应力；

F——结构的地震作用效应；

F_t——承台自身地震惯性力与土抗力贡献的合力；

F_{max}——活动支座临界滑动摩擦力；

m——桥墩墩顶等效的梁体质量；

m_a —— 桥墩单位长度水的附加质量;

M_{au} —— 基础顶面以上台身的质量;

M_{cp} —— 盖梁质量;

M_{ct} —— 承台的质量;

M_G —— 由结构恒载产生的弯矩;

M_{hc}^s —— 墩柱顶端截面超强弯矩;

M_p —— 墩身质量;

M_{p0} —— 延性桥墩盖梁的弯矩设计值;

M_{sp} —— 上部结构的质量或一联上部结构的总质量;

M_t —— 支座顶面处的换算质点质量;

N_v —— 墩柱的最大动轴力;

p —— 基础底面平均压应力;

p_e —— 地震等效静力荷载;

p_0 —— 均布荷载;

p_{s0} —— 液化临界比贯入阻力基准值;

P_b —— 横梁的轴力;

P_b^l, P_b^r —— 左右横梁的轴力;

P_c^t, P_c^b —— 上、下立柱的轴力;

P_{dl} —— 墩柱恒载轴力;

q_{c0} —— 液化临界锥尖阻力基准值;

Q —— 墩柱相应于塑性铰区域截面的超强弯矩的剪力值;

Q_d —— 铅芯橡胶支座的特征强度;

R_b —— 支座竖向压力;

R_i —— 第 i 个活动支座的恒载反力;

R_s —— E2 地震作用与恒载作用组合后竖向反力;

S_6 —— 6 s 时间点的加速度反应谱谱值;

S_i —— 结构第 i 阶振型地震作用效应;

S_{max} —— 设计加速度反应谱最大值;

T_c^b —— 考虑超强系数 $\phi^0(\phi^0=1.2)$ 的混凝土墩柱纵筋拉力;

v_{jh}——节点的水平方向名义剪应力;

v_{jv}——节点的竖直方向名义剪应力;

$v_{s,max}$——均布荷载作用下的最大水平位移;

V_{c0}——墩柱剪力设计值;

V_{jv}——节点的名义剪力;

x_y——活动盆式支座屈服位移;

X_0——考虑地基变形时,纵桥向作用于支座顶面或横桥向作用于上部结构质心处的单位水平力在墩身计算高度 H 处引起的水平位移与单位力作用处的水平位移之比值;

X_B——板式橡胶支座厚度的下限,可按能力保护构件计算的支座水平位移和按 E2 地震反应与永久及温度效应组合后支座水平位移结果的小值确定;

X_{CP}——按能力保护构件计算的支座水平位移;

X_D——地震作用下支座的水平位移;

X_{eju}——伸缩缝的容许纵向位移;

X_E——考虑地震作用、均匀温度作用和永久作用组合后的支座位移;

X_f——考虑地基变形时,纵桥向作用于支座顶面上或横桥向作用于上部结构质心处的单位水平力在一般冲刷线或基础顶面引起的水平位移与单位力作用处的水平位移之比值;

$X_{f\frac{1}{2}}$——考虑地基变形时,纵桥向作用于支座顶面上或横桥向作用于上部结构质心处的单位水平力在墩身计算高度 $H/2$ 处引起的水平位移与单位力作用处的水平位移之比值;

X_H——永久作用产生的支座的水平位移;

X_j——考虑地震作用、均匀温度作用和永久作用组合后的伸缩缝处梁间纵向相对位移;

X_{jD} ——E1 地震作用下伸缩缝处梁间纵向相对水平位移；

X_{jH} ——永久作用产生的伸缩缝处梁间纵向相对位移；

X_{jT} ——均匀温度作用产生的伸缩缝处梁间纵向相对位移；

X_{max} ——活动支座容许滑动的水平位移；

X_T ——均匀温度作用产生支座的水平位移；

δ ——在纵桥向作用于支座顶面或横桥向作用于上部结构质量重心上单位水平力在该点引起的水平位移；

δ_E ——上部结构端部向外侧的移动量；

Δ_r ——E2 地震下，不考虑 $P-\Delta$ 效应时，墩柱反弯点相对于塑性铰截面的水平位移；

Δ_y ——铅芯橡胶支座的屈服位移；

σ_c, σ_t ——节点的名义主压应力、名义主拉应力；

$[\sigma]$ ——橡胶支座的容许压应力；

σ'_{v0} ——土层竖向有效应力。

2.2.2 计算系数

C ——粘性材料阻尼器的阻尼系数；

C_i ——抗震重要性系数或地震调整系数；

C_s ——场地地震动峰值加速度调整系数；

k ——矩形截面附加质量系数；

K ——地基抗震容许承载力调整系数；

K_A ——非地震条件下作用于台背的主动土压力系数；

K_{pt} ——承台侧回填土的被动土压力系数；

R_d ——考虑弹塑性效应的地震位移修正系数；

r ——CQC 方法的相关系数；

w_i ——可液化土层的埋深权数；

α ——粘性材料阻尼器的速度指数；

α_d ——支座调整系数；

β_N ——标准贯入击数临界值调整系数；

γ ——自特征周期至 5 倍特征周期区段曲线衰减指数；

η_1 ——自5倍特征周期至6 s区段直线下降段斜率调整系数；
η_2 ——结构的阻尼调整系数；
η_{cp} ——盖梁质量换算系数；
η_p ——墩身质量换算系数；
η_H ——落锤能量修正系数；
η_B ——钻孔直径修正系数；
η_S ——贯入器内衬修正系数；
η_R ——杆长修正系数；
η_N ——上覆有效应力修正系数。

2.2.3 几何特征

a ——最小搭接长度；
A_{cv} ——挡块剪切面上混凝土的面积；
A_e ——核心混凝土面积；
A_{eff} ——支座的有效承压面积；
A_g ——墩柱塑性铰区域截面全面积；
A_r ——橡胶支座的剪切面积；
A_{sh} ——盖梁水平拉筋的面积；
A_{sk} ——穿过接触剪切平面的竖向抗剪钢筋的面积；
A_{sp} ——螺旋箍筋面积；
A_{st} ——立柱伸入节点中的纵筋面积；
A_v ——计算方向上箍筋面积总和；
b ——墩柱的宽度；
b_d ——上部结构总宽度；
B_c ——承台宽度；
b_c, h_c ——立柱横截面的宽度、高度；
b_{je}, h_b ——横梁横截面的宽度、高度；
d ——套筒外径；
d_{bl} ——纵向主筋的直径；
d_{hl} ——箍筋的直径；

d_i——第 i 分层的厚度；

d_{sk}——水平拉筋公称直径；

d_{sp}——标准贯入或静力触探试验点的深度；

d_w——地下水位深度；

d_0——液化土特征深度；

D'——螺旋箍筋环的直径；

h_0——核心混凝土受压边缘至受拉侧钢筋重心的距离；

h_{cc}——承台中心埋深；

H——桥台台身高度；

H_c——承台高度；

H_{crust}——上覆非液化土层厚度；

H_p——悬臂墩的高度或塑性铰截面到反弯点的距离；

H_0——框架墩的高度；

H_s——液化土层厚度；

I_{eff}——有效截面抗弯惯性矩；

l_{ac}——立柱伸入节点中的纵筋长度；

l_{dh}——带弯钩端钢筋的锚固长度；

L——一联桥梁总长；

L_{min}——盖梁水平拉筋端部到挡块竖向抗剪钢筋的最小长度；

R——滑动曲面的曲率半径；

S_p——墩柱间距；

s——箍筋的间距；

$\sum t$——板式橡胶支座橡胶层总厚度；

α_E——极限脱落转角；

θ——斜交角；

φ——曲线梁的中心角。

2.2.4 材料指标

c_t——回填土内聚力；

φ_A——内摩擦角；

E_c —— 桥墩的弹性模量;

f_{a0} —— 地基承载力基本容许值;

$[f_a]$ —— 深宽修正后的地基承载力容许值;

$[f_{aE}]$ —— 调整后的地基抗震承载力容许值;

G_d —— 板式橡胶支座动剪切模量;

γ_s —— 土的重度;

γ_t —— 回填土重度;

ρ_w —— 水的质量密度。

2.2.5 延性设计参数

f_{cd} —— 混凝土抗压强度设计值;

f_{ck} —— 混凝土抗压强度标准值;

$f_{c,ck}$ —— 约束混凝土的峰值应力;

f_{kh} —— 箍筋抗拉强度标准值;

f_{yh} —— 箍筋抗拉强度设计值;

f_y —— 纵向钢筋抗拉强度标准值;

K_{ds} —— 延性安全系数;

L_p —— 等效的塑性铰长度;

M_y —— 等效屈服弯矩;

M'_y —— 根据截面弯矩-转角分析曲线得到的相应于耗能钢筋屈服时的初始屈服弯矩;

M_{y0} —— 纵桥向和横桥向超强弯矩;

P_c —— 墩柱截面最小轴压力;

V_c —— 混凝土部分提供的抗剪强度;

V_s —— 箍筋提供的抗剪强度;

Δ_d —— E2地震作用下墩顶的位移;

Δ_u —— 桥墩容许位移;

ε_{lu} —— 纵筋的折减极限应变;

ε_{su}^R —— 约束钢筋的折减极限应变;

ε_{cu} —— 混凝土的极限压应变;

η_k ——轴压比；

θ_p ——E2 地震作用下塑性铰区域的塑性转角；

θ_u ——塑性铰区域的最大容许转角；

μ_Δ ——墩柱构件位移延性系数；

ρ_t ——纵向配筋率；

ρ_s ——约束钢筋的体积含筋率；

ρ_{smin} ——墩柱塑性铰区域内加密箍筋的最小含箍率；

ϕ ——抗剪强度折减系数；

ϕ_u ——极限曲率；

ϕ_y ——等效屈服曲率；

ϕ^0 ——桥墩正截面极限弯矩超强系数。

2.2.6 其他参数

a_{ij} ——时程 a_i 第 j 点的值；

$a_{max \text{II}}$ ——Ⅱ类场地基本地震动峰值加速度，上海为 0.1g；

$a_s(t)$ ——时刻 t 的地表加速度；

f_{sk} ——抗剪钢筋的抗拉强度标准值；

F_{lei} ——第 i 分层的液化强度比；

F_{sk} ——挡块的抗剪能力；

g ——重力加速度；

I_a ——地表地震动 Arias 强度指标；

I_{le} ——液化指数；

k^e ——桥墩考虑支座或挡块后计算出的组合刚度；

K_{eff} ——铅芯橡胶支座的等效刚度；

K_l ——桥梁的纵桥向刚度；

K_t ——桥梁的横桥向刚度；

K_d ——铅芯橡胶支座的屈后刚度；

n ——可液化土层范围内的分层总数；

N_{cr} ——土层液化判别标准贯入击数临界值；

N_0 ——土层液化判别标准贯入击数基准值；

N ——土层实际标准贯入击数；
$(N_1)_{60}$ ——标准贯入击数修正值；
p_a ——大气压强度(101 kPa)；
T ——结构自振周期；
T_g ——场地特征周期；
T_1 ——简支梁桥纵桥向或横桥的基本周期；
v_s ——土层剪切波速；
V ——粘性材料阻尼器的速度；
ρ_c ——黏粒含量百分率；
ρ_T ——周期比；
ξ ——结构阻尼比。

3 基本要求

3.1 抗震设防标准

3.1.1 桥梁抗震设防类别应按表 3.1.1 分为甲、乙、丙、丁四类。

表 3.1.1 桥梁抗震设防分类

桥梁抗震设防类别	适用范围
甲	单跨跨径超过 150 m 的特大桥
乙	单跨跨径不超过 150 m 的城市快速路、高速公路、一级公路上的桥梁和轨道交通桥梁；单跨跨径不超过 150 m 的城市主干路、二级公路上的特大桥、大桥
丙	城市主干路、二级公路上的中桥、小桥；单跨跨径不超过 150 m 的城市次干路、支路及三、四级公路上的特大桥、大桥
丁	除甲、乙和丙三类桥梁以外的其他桥梁

3.1.2 本标准采用两级抗震设防，在 E1 和 E2 地震作用下，根据表 3.1.1 的桥梁抗震设防分类，各类桥梁的抗震设防目标应符合表 3.1.2 的规定。

表 3.1.2 各类桥梁抗震设防目标

桥梁抗震设防类别	E1 地震作用		E2 地震作用	
	震后使用要求	结构损伤状态	震后使用要求	结构损伤状态
甲	可正常使用	结构弹性工作，基本无损伤	无须修复或经简单修复后可正常使用	局部轻微损伤

续表3.1.2

桥梁抗震设防类别	E1 地震作用		E2 地震作用	
	震后使用要求	结构损伤状态	震后使用要求	结构损伤状态
乙	可正常使用	结构弹性工作，基本无损伤	限制交通1周	中小损伤
丙	可正常使用	结构弹性工作，基本无损伤	限制交通1个月	中等损伤
丁	可正常使用	结构弹性工作，基本无损伤	—	严重损伤、不致倒塌

注：斜拉桥和悬索桥，以及采用减隔震设计的桥梁，抗震设防目标应按甲类桥梁要求执行。

3.1.3 立体交叉跨线桥梁的抗震设防标准应不低于其跨越的下线工程的抗震设防标准。

3.1.4 对抗震救灾以及在经济、国防上具有重要意义的桥梁或破坏后修复（抢修）困难的桥梁，应提高抗震设防类别，并宜采用低损伤、自复位或可不中断交通进行修复的结构体系。

3.2 地震影响

3.2.1 抗震设防类别为甲类的桥梁，应根据现行国家标准《工程场地地震安全性评价》GB 17741 的要求进行工程场地地震安全性评价以确定地震作用。E1 和 E2 地震重现期分别为 475 年和 2 475 年。

3.2.2 除第 3.2.1 条规定的桥梁以外，其他各类桥梁 E1 和 E2 水平向地震动峰值加速度 A 的取值，应按下式计算：

$$A = a_{\max\text{II}} C_i C_s \tag{3.2.2}$$

式中：A——桥梁场地 E1 和 E2 水平向地震动峰值加速度；

$a_{max II}$ —— Ⅱ类场地基本地震动峰值加速度,上海为0.1g;
C_i —— E1和E2地震调整系数,按表3.2.2-1取值;
C_s —— 场地地震动峰值加速度调整系数,按表3.2.2-2取值。

表3.2.2-1 各类桥梁E1和E2地震调整系数 C_i

桥梁抗震设防类别	E1	E2
乙	0.61	2.2
丙	0.46	2.2
丁	0.35	—

表3.2.2-2 场地地震动峰值加速度调整系数 C_s

桥梁设防地震水准	场地类别	
	Ⅲ	Ⅳ
E1	1.30	1.25
E2	1.00	1.00

3.3 抗震设计方法与抗震设计流程

3.3.1 抗震设防类别为甲类、乙类、丙类的桥梁,应进行E1和E2地震作用下的抗震分析和抗震验算,并应满足本章第3.4节桥梁抗震体系以及相关构造和抗震措施的要求。

3.3.2 抗震设防类别为丁类的桥梁,应进行E1地震作用下的抗震分析和抗震验算,并应满足相关构造和抗震措施的要求。

3.3.3 桥梁抗震设计可采用图3.3.3的抗震设计流程进行。

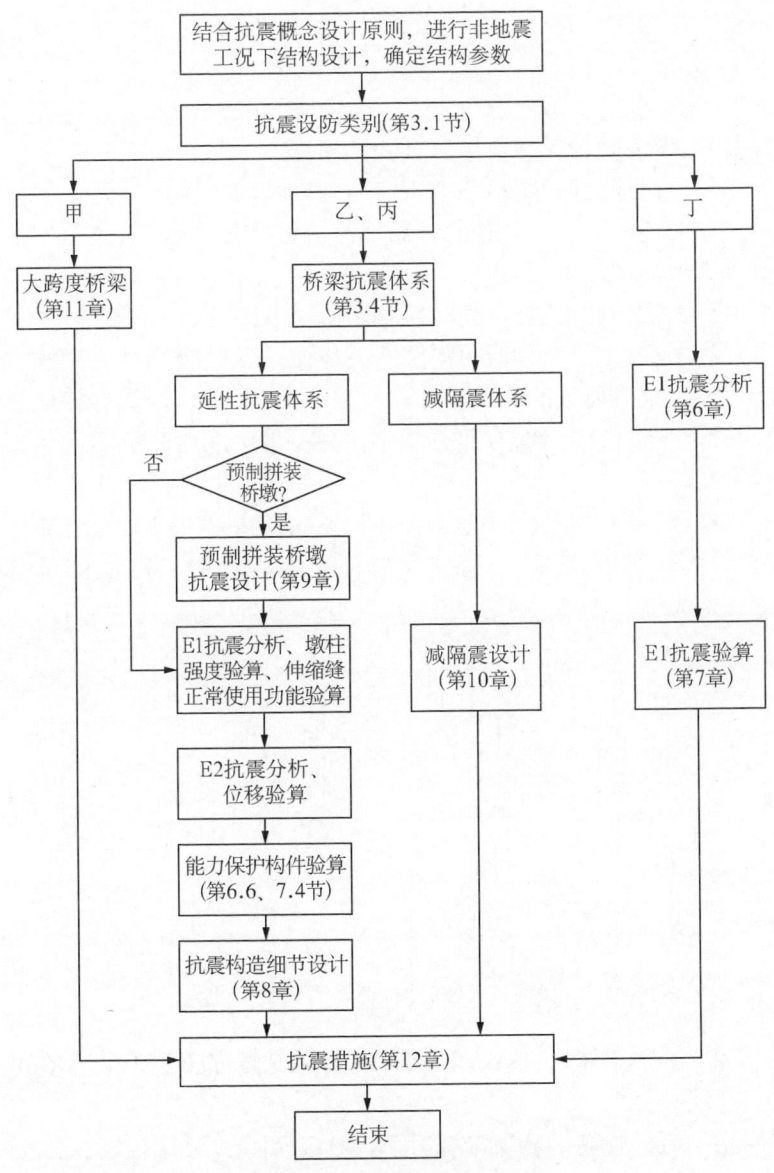

图 3.3.3 桥梁抗震设计流程

3.4 桥梁抗震体系

3.4.1 桥梁结构抗震体系应符合下列规定:
 1 有可靠和稳定传递地震作用到地基的途径。
 2 有效的位移约束,能可靠地控制结构地震位移,避免发生落梁破坏。
 3 有明确、可靠、合理的地震能量耗散部位。
 4 应避免因部分结构构件的破坏而导致整个结构丧失抗震能力或对重力荷载的承载能力。

3.4.2 抗震设防类别为乙类、丙类的桥梁,可采用的抗震体系有以下类型:
 1 延性抗震体系:地震作用下,桥梁的塑性变形、耗能部位位于桥墩,其中连续梁、简支梁单柱墩和双柱墩的耗能部位见图3.4.2,图中桥墩系梁要求恒载下不承受拉力。

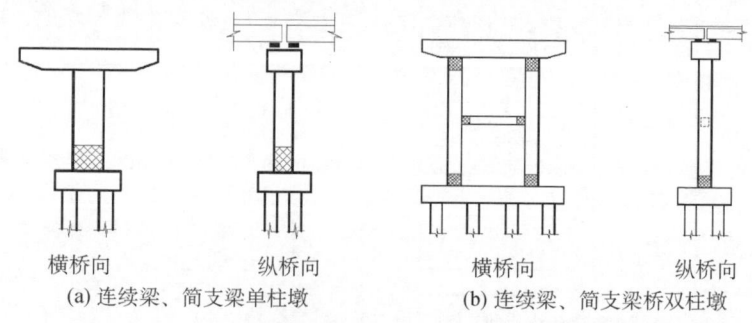

横桥向　　纵桥向　　　　　横桥向　　纵桥向
(a) 连续梁、简支梁单柱墩　　(b) 连续梁、简支梁桥双柱墩

图 3.4.2 墩柱塑性铰区域(图中:▨代表塑性铰区域)

 2 减隔震体系:地震作用下,桥梁的耗能部位位于减隔震支座、耗能装置。

3.4.3 墩柱较高的桥梁宜采用延性抗震体系,墩柱较矮的桥梁宜采用减隔震体系,合理的抗震体系可按本标准附录B确定。

3.4.4 对采用延性抗震体系的桥梁,其盖梁、基础、支座以及墩柱抗剪的内力设计值应按能力保护设计方法计算,根据墩柱塑性铰区域截面的超强弯矩确定。

3.4.5 对采用板式橡胶支座的桥梁,如支座抗滑性能不满足本标准第7.2.2条和7.4.5条的要求,应根据是否允许支座滑动来确定抗震体系:

  1 不允许支座产生相对滑动,按延性抗震体系进行设计,应在墩梁间设置限位装置,由限位装置和支座共同传递水平地震力。

  2 允许支座和梁底产生相对滑动,按减隔震体系进行设计,应在墩梁间设置限位装置,抗震分析应采用非线性时程方法,考虑支座的滑动效应、限位装置的非线性影响,并应校核板式橡胶支座梁底调平钢板的尺寸,以保证支座滑动范围限定在支座顶面橡胶与调平钢板之间。

3.4.6 地震作用下,如桥梁固定支座水平抗震能力不满足本标准第7.2.2条和7.4.6条要求,应通过计算在梁体和墩柱间设置受力挡块,挡块应能承受支座所受的水平地震力。否则应按本标准第10章的要求进行桥梁减隔震设计。

3.4.7 桥台不宜作为抵抗梁体地震作用的构件,桥台处宜采用活动支座,桥台上的横向抗震挡块宜设计为E2地震作用下的可牺牲构件。否则应建立考虑土-桥台相互作用的全桥模型进行地震反应分析。

3.4.8 抗震设防类别为乙类、丙类的桥梁,如果抗震体系不满足本标准第3.4.2条要求,应进行专题研究,且结构抗震性能应满足本标准表3.1.2的要求。

3.5 抗震概念设计

3.5.1 桥梁宜采用对称、均匀、整体性好的结构形式。

3.5.2 对梁式桥,一联内桥墩的刚度比宜满足下列要求:
1 任意两桥墩的刚度比
  1) 桥面等宽

$$0.5 \leqslant \frac{k_i^e}{k_j^e} \leqslant 1.0 \qquad (3.5.2\text{-}1)$$

  2) 桥面变宽

$$0.5 \leqslant \frac{k_i^e m_j}{k_j^e m_i} \leqslant 1.0 \qquad (3.5.2\text{-}2)$$

2 相邻桥墩的刚度比
  1) 桥面等宽

$$0.75 \leqslant \frac{k_i^e}{k_j^e} \leqslant 1.0 \qquad (3.5.2\text{-}3)$$

  2) 桥面变宽

$$0.75 \leqslant \frac{k_i^e m_j}{k_j^e m_i} \leqslant 1.0 \qquad (3.5.2\text{-}4)$$

式中:k_i^e, k_j^e ——分别为第 i 和第 j 桥墩考虑基础、支座或挡块影响后计算出的组合刚度(含纵桥向和横桥向);

m_i, m_j ——分别为第 i 和第 j 桥墩墩顶等效的梁体质量。

3.5.3 梁式桥(多联桥)相邻联的基本周期比宜满足下式要求:

$$0.7 \leqslant \frac{T_i}{T_j} \leqslant 1 \qquad (3.5.3)$$

式中:T_i, T_j ——分别为第 i 和第 j 联的基本周期(含纵桥向和横桥向)。

3.5.4 对梁式桥,一联内各桥墩刚度相差较大和相邻联基本周期相差较大的情况下,宜采用以下方法调整一联内各墩刚度比和相邻联周期比：

1 改变墩柱尺寸或构造型式。

2 纵桥向宜在各墩顶设置合理剪切刚度的橡胶类支座，以调整各墩的等效刚度。

3.5.5 场地地质条件连续、稳定地段上的梁式桥，宜采用连续梁或桥面连续结构；墩高超过 30 m 的，宜采用连续刚构。

3.5.6 梁式桥的矮墩不宜设置普通固定支座，宜设置减隔震支座或板式橡胶支座。

3.5.7 桥面连续结构应采用橡胶类支座，并宜加强桥面连续处的配筋。

3.5.8 双柱或多柱墩在横桥向地震作用下，盖梁抗震设计应考虑正负弯矩的交替作用。

3.5.9 过渡墩和桥台处的防落梁措施应予以加强，以减小落梁风险。

3.5.10 桥墩宜采用纵、横向水平刚度和极限承载力相近的结构构造与配筋形式。

3.5.11 采用延性抗震体系的桥梁，宜适当控制桥墩塑性铰区的截面尺寸，以减小能力保护构件的强度需求。

3.5.12 对于液化场地上的桥梁，桩基础应穿过液化土层并具有足够的深度。

3.5.13 对于土体液化可能引起地面大变形的场地，宜适当增加桥梁桩基础的直径。

3.5.14 桥梁群桩基础宜采用惯性矩较大的平面布置方式，以提高群桩基础的抗震能力。

4 场地、地基与基础

4.1 场 地

4.1.1 场地的类别应按现行国家标准《建筑抗震设计规范》GB 50011 的规定进行划分。上海的工程场地,远郊低丘陵地区少数基岩露头或浅埋处以及浅部有硬土层分布的湖沼平原区,应按土层等效剪切波速和场地覆盖层厚度判定场地类别,其余的场地属现行国家标准《建筑抗震设计规范》GB 50011 所划分的 IV 类场地。

4.1.2 场地岩土工程勘察,应按地质构造活动性、边坡稳定性和场地地质条件等进行综合评价,划分对桥梁抗震有利、一般、不利和危险的地段。

4.1.3 在抗震不利地段布设桥位时,宜对地基采取适当的抗震加固措施。

4.2 地基的液化

4.2.1 当地面下 20 m 深度范围内存在饱和砂土和饱和砂质粉土时,应进行液化判别;存在液化土层的地基,应根据桥梁的抗震设防类别、地基的液化等级,结合具体情况采取相应的抗液化措施。

4.2.2 进行地基液化判别时,符合下列条件之一的可初判为不液化或可不考虑液化影响:

    1 晚更新世(Q_3)及其以前地层。
    2 土中黏粒含量百分率大于或等于 10。

3 砂质粉土或砂土与黏性土互层。

4 砂质粉土或砂土在场地内平均厚度不足 1 m。

5 天然地基上覆非液化土层厚度超过液化土特征深度 d_0(砂质粉土为 6 m,砂土为 7 m,其中应扣除淤泥及淤泥质土层厚度)。

4.2.3 当初步判别认为需要进一步进行液化判别时,应按现行上海市工程建设规范《岩土工程勘察标准》DG/TJ 08—37 的规定,根据标准贯入试验或静力触探试验结果,进行土层液化可能性的判别,并确定液化强度比和各液化土层的埋深及厚度,两种试验判别方法同等有效。情况复杂时,可补充现场波速试验或取土进行室内试验,采用综合方法进行分析评价。

1 用标准贯入试验结果判别

当实测标准贯入击数 N(未经修正)小于临界标准贯入击数 N_{cr} 时,应判为可液化土。在地面下 20 m 深度范围内,液化判别标准贯入击数临界值可按下式计算:

$$N_{cr} = \beta_N N_0 [\ln(0.6d_{sp} + 1.5) - 0.1d_w] \sqrt{\frac{3}{\rho_c}}$$

(4.2.3-1)

式中:N_{cr}——液化判别标准贯入击数临界值;

N_0——液化判别标准贯入击数基准值,一般情况下可取 7;

β_N——调整系数,应按现行上海市工程建设规范《地基基础设计标准》DGJ 08—11 的规定采用,上海按设计地震第二组取为 0.95;

d_{sp}——标准贯入试验点的深度(m);

d_w——地下水年平均水位深度(m),可取 0.5 m;

ρ_c——黏粒含量百分率(%),小于 3 时取 3。

2 用静力触探试验结果判别

当单桥探头实测比贯入阻力 p_s 小于临界比贯入阻力 p_{scr} 或

双桥探头实测锥尖阻力 q_c 小于临界锥尖阻力 q_{ccr} 时,应判为可液化土。临界比贯入阻力 p_{scr} 或临界锥尖阻力 q_{ccr} 可分别按公式(4.2.3-2)或公式(4.2.3-3)确定。实测比贯入阻力 p_s 或实测锥尖阻力 q_c 可按每个触探孔中每米厚度的平均值取用。

$$p_{scr} = p_{s0}\left[1 - 0.06 d_{sp} + \frac{(d_{sp} - d_w)}{a + b(d_{sp} - d_w)}\right]\sqrt{\frac{3}{\rho_c}}$$
(4.2.3-2)

$$q_{ccr} = q_{c0}\left[1 - 0.06 d_{sp} + \frac{(d_{sp} - d_w)}{a + b(d_{sp} - d_w)}\right]\sqrt{\frac{3}{\rho_c}}$$
(4.2.3-3)

式中:p_{s0},q_{c0}——分别为液化临界比贯入阻力基准值和临界锥尖阻力基准值(MPa),应按现行上海市工程建设规范《地基基础设计标准》DGJ 08—11 的规定采用,可分别取 3.20 MPa 和 2.90 MPa;

d_{sp}——静力触探试验点深度(m);

a,b——系数,分别取 1.0 和 0.75。

4.2.4 对于存在可液化土层的地基,应探明各液化土层的深度和厚度,按下列公式计算每个钻孔的液化强度比 F_{lei} 和液化指数 I_{le},并按表 4.2.4 划分地基的液化等级,作为判别土层及地基液化危险性和危害程度的依据。

$$F_{lei} = \frac{N}{N_{cr}} \qquad (4.2.4\text{-}1)$$

$$F_{lei} = \frac{p_s}{p_{scr}} \qquad (4.2.4\text{-}2)$$

$$F_{lei} = \frac{q_c}{q_{ccr}} \qquad (4.2.4\text{-}3)$$

$$I_{le} = \sum_{i=1}^{n}(1-F_{lei})d_i w_i \qquad (4.2.4-4)$$

式中：F_{lei}——第 i 分层的液化强度比，当 $F_{lei} > 1.0$ 时，取 $F_{lei} = 1.0$；

I_{le}——液化指数；

d_i——第 i 分层的厚度(m)；

w_i——可液化土层的埋深权数(m^{-1})，当该层中点深度不大于 5 m 时应采用 10，等于 20 m 时应采用零值，5 m~20 m 时按线性内插法取值；

n——可液化土层范围内的分层总数。

表 4.2.4 液化等级

液化等级	轻微	中等	严重
液化指数	$0<I_{le}\leq 6$	$6<I_{le}\leq 18$	$I_{le}>18$

4.2.5 地基抗液化措施应根据桥梁的抗震设防类别及地基液化等级，结合具体情况综合确定，可按表 4.2.5 确定抗液化措施。

表 4.2.5 抗液化措施

抗震设防类别	地基的液化等级		
	轻微	中等	严重
甲、乙	部分消除液化沉陷，或对基础和上部结构进行处理	全部消除液化沉陷，或部分消除液化沉陷且对基础和上部结构进行处理	全部消除液化沉陷
丙	对基础和上部结构进行处理，也可不采取措施	基础和上部结构进行处理，或采取更高要求的措施	全部消除液化沉陷，或部分消除液化沉陷且对基础和上部结构进行处理
丁	可不采取措施	可不采取措施	对基础和上部结构进行处理，或采取其他经济的措施

4.3 地基承载力

4.3.1 地基抗震验算时,应采用地震作用效应与永久作用效应组合。

4.3.2 地基抗震承载力容许值应按下式计算:

$$[f_{aE}] = K[f_a] \quad (4.3.2)$$

式中:$[f_{aE}]$——调整后的地基抗震承载力容许值(kPa);

K——地基抗震容许承载力调整系数,应按表 4.3.2 取值;

$[f_a]$——深宽修正后的地基承载力容许值(kPa),应按现行行业标准《公路桥涵地基与基础设计规范》JTG 3363 的规定采用。

表 4.3.2 地基土抗震容许承载力调整系数

岩土名称和性状	K
岩石,密实的碎石土,密实的砾、粗(中)砂,$f_{a0} \geqslant 300$ kPa 的黏性土和粉土	1.5
中密、稍密的碎石土,中密和稍密的砾、粗(中)砂,密实和中密的细、粉砂,150 kPa$\leqslant f_{a0}<$300 kPa 的黏性土和粉土	1.3
稍密的细、粉砂,100 kPa$\leqslant f_{a0}<$150 kPa 的黏性土和粉土	1.1
淤泥,淤泥质土,松散的砂,杂填土	1.0

注:f_{a0} 为由荷载试验等方法得到的地基承载力基本容许值(kPa)。

4.3.3 验算地基抗震承载力时,基础底面平均压应力和边缘最大压应力应符合下列公式要求:

$$p \leqslant [f_{aE}] \quad (4.3.3-1)$$

$$p_{max} \leqslant 1.2[f_{aE}] \quad (4.3.3-2)$$

式中:p——基础底面平均压应力(kPa);

p_{max}——基础底面边缘的最大压应力(kPa)。

4.4 桩基础

4.4.1 非液化地基的桩基础进行抗震验算时，E2 地震作用下，单桩的抗压承载能力可提高至非抗震设计时的 2 倍，单桩的抗拉承载能力可提高至非抗震设计时的 1.5 倍，但 E1 地震作用下的单桩承载力不应提高。

4.4.2 当地基内有液化土层时，液化土层的桩周摩阻力及水平抗力(地基系数)可根据液化强度比予以折减，折减系数 ψ_{le} 按表 4.4.2 采用。液化土层以下单桩部分的承载能力，可采用本标准第 4.4.1 条的规定；液化土层内及以上部分单桩承载能力不应提高。

表 4.4.2 土层液化影响折减系数

液化强度比 F_{le}	土层埋深 d_{sp}(m)	折减系数 ψ_{le}
$F_{le} \leqslant 0.6$	$d_{sp} \leqslant 10$	0
	$10 < d_{sp} \leqslant 20$	1/3
$0.6 < F_{le} \leqslant 0.8$	$d_{sp} \leqslant 10$	1/3
	$10 < d_{sp} \leqslant 20$	2/3
$0.8 < F_{le} \leqslant 1.0$	$d_{sp} \leqslant 10$	2/3
	$10 < d_{sp} \leqslant 20$	1

4.4.3 承台基坑的回填土应分层压实，基坑压实度应大于 92%。处于可液化土中的桩基承台，宜用非液化土填筑夯实；当采用砂土或粉土回填时，夯实后土层的标准贯入击数或静力触探的实测比贯入阻力或锥尖阻力，应不小于本标准第 4.2.3 条规定的液化判别临界值，也可采用注浆等措施来消除液化。

4.4.4 液化土中的桩，由桩顶至液化深度以下 1.5 m 的范围内，主筋及箍筋的布置应与桩顶相同。

5 地震作用

5.1 一般规定

5.1.1 桥梁结构的地震作用,应按下列原则考虑:

1 一般情况下,可只考虑水平向地震作用,直线桥可分别考虑纵桥向 X 和横桥向 Y 的地震作用。

2 满足下列条件之一时,应同时考虑水平向和竖向地震作用:

　　1) 抗震设防类别为甲类的桥梁;

　　2) 竖向地震作用引起的地震效应不可忽略的桥梁。

5.1.2 地震作用方向组合应满足以下要求:

1 当采用反应谱法时,可分别单独计算 X 向地震作用在计算方向 i 产生的最大效应 E_{iX}、Y 向地震作用在计算方向 i 产生的最大效应 E_{iY} 与 Z 向地震作用在计算方向 i 产生的最大效应 E_{iZ}。在计算方向 i 总的设计最大地震作用效应 E_i 按下式计算:

$$E_i = \sqrt{E_{iX}^2 + E_{iZ}^2} \text{ 或 } E_i = \sqrt{E_{iY}^2 + E_{iZ}^2} \quad (5.1.2)$$

2 当采用时程分析法时,应同时输入一个或两个方向分量的一组地震动时程计算地震作用效应。

5.1.3 本标准地震作用采用设计加速度反应谱和设计地震动加速度时程表征。

5.2 设计加速度反应谱

5.2.1 水平向设计加速度反应谱谱值 S 由式(5.2.1)确定,见图 5.2.1。

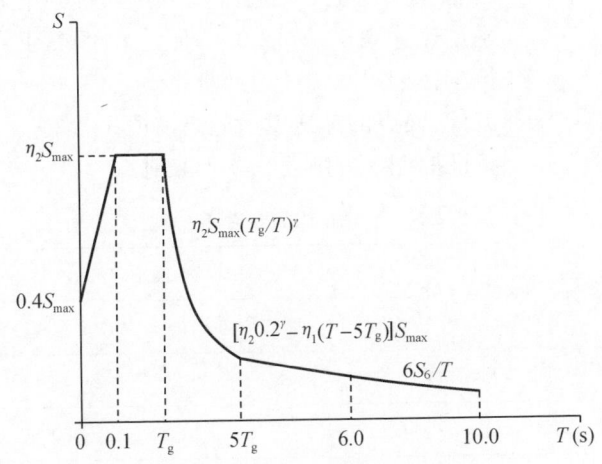

图 5.2.1 设计加速度反应谱

$$S = \begin{cases} 0.4 S_{max} & T = 0 \text{ s} \\ \eta_2 S_{max} & 0.1 \text{ s} < T \leqslant T_g \\ \eta_2 S_{max} \left(\dfrac{T_g}{T}\right)^\gamma & T_g < T \leqslant 5T_g \\ [\eta_2 0.2^\gamma - \eta_1 (T - 5T_g)] S_{max} & 5T_g < T \leqslant 6 \text{ s} \\ 6 \dfrac{S_6}{T} & 6 \text{ s} < T \leqslant 10 \text{ s} \end{cases}$$

(5.2.1)

式中：S_{max}——设计加速度反应谱最大值（g）；

T——结构自振周期（s）；

η_1——自 5 倍特征周期至 6 s 区段直线下降段斜率调整系数，阻尼比为 0.05 时取 0.02，阻尼比不等于 0.05 时按本标准第 5.2.3 条计算；

η_2——结构的阻尼调整系数，阻尼比为 0.05 时取 1.0，阻尼比不等于 0.05 时按本标准第 5.2.3 条计算；

γ ——自特征周期至 5 倍特征周期区段曲线衰减指数,阻尼比为 0.05 时取 0.9,阻尼比不等于 0.05 时按本标准第 5.2.3 条计算;

S_6 ——6 s 时间点的加速度反应谱谱值;

T_g ——特征周期(s),按表 5.2.1 取值。

表 5.2.1 设计加速度反应谱特征周期(s)

设防地震水平	场地类别	
	Ⅲ	Ⅳ
E1	0.55	0.75
E2	0.60	0.80

5.2.2 设计加速度反应谱最大值应由下式确定:

$$S_{max} = 2.25A \quad (5.2.2)$$

式中:A ——E1 或 E2 地震作用下水平向地震动峰值加速度,按本标准第 3.2.2 条取值。

5.2.3 当结构的阻尼比不等于 0.05 时,地震加速度反应谱曲线下降段衰减指数、直线下降段斜率调整系数形状参数和阻尼调整系数应符合下列规定:

1 曲线下降段的衰减指数按下式确定:

$$\gamma = 0.9 + \frac{0.05 - \xi}{0.5 + 5\xi} \quad (5.2.3\text{-}1)$$

式中:γ ——曲线下降段的衰减指数;

ξ ——结构实际阻尼比。

2 直线下降段斜率调整系数按下式确定:

$$\eta_1 = 0.02 + (0.05 - \xi)/8 \quad (5.2.3\text{-}2)$$

式中:η_1 ——倾斜段的斜率,小于 0 时取 0。

3 阻尼调整系数按下式确定:

$$\eta_2 = 1 + \frac{0.05 - \xi}{0.06 + 1.7\xi} \quad (5.2.3-3)$$

式中:η_2——阻尼调整系数,当小于 0.55 时,应取 0.55。

5.2.4 竖向设计加速度反应谱可由水平向设计加速度反应谱乘以 0.65 得到。

5.3 设计地震动加速度时程

5.3.1 已进行场地地震安全性评价的桥梁,设计地震动加速度时程应根据地震安全性评价的结果确定。

5.3.2 未进行地震安全性评价的桥梁,可采用本标准的设计加速度反应谱为目标拟合设计加速度时程;或采用本标准附录 A 给出的设计加速度时程;或采用与设定地震震级、距离、场地特性相似的实际地震动加速度记录,通过时域方法调整,使其加速度反应谱与本标准的设计加速度反应谱相匹配,每个周期值对应的反应谱幅值的相对误差应小于 5%。

5.3.3 设计加速度时程不得少于 7 组,且应保证任意两组间同方向时程由式(5.3.3)定义的相关系数 ρ 的绝对值小于 0.1。

$$|\rho| = \left| \frac{\sum_j a_{1j} \times a_{2j}}{\sqrt{\sum_j a_{1j}^2} \times \sqrt{\sum_j a_{2j}^2}} \right| \quad (5.3.3)$$

式中:a_{1j},a_{2j}——分别为时程 a_1 与 a_2 第 j 点的值。

5.4 地震主动土压力和动水压力

5.4.1 采用延性抗震设计的桥梁,在 E1 地震作用下,应考虑地震时动水压力和主动土压力的影响。当桥梁在 E2 地震作用下桥墩进入塑性后,可不考虑地震时动水压力和主动土压力的影响;当桥梁在 E2 地震作用下桥墩未进入塑性时,宜考虑地震时动水压力和主动土压力的影响。

5.4.2 地震时作用于桥台台背的主动土压力可按下列公式计算:

1 当判定桥台地表以下没有液化土层或软土层时,作用于桥台台背的主动土压力可按下式计算:

$$E_{ea} = \frac{1}{2}\gamma_s H^2 K_A \left(1 + \frac{3A}{g}\tan\varphi_A\right) \quad (5.4.2-1)$$

$$K_A = \frac{\cos^2\varphi_A}{(1+\sin\varphi_A)^2} \quad (5.4.2-2)$$

式中:E_{ea} ——作用于台背每延米长度上的地震主动土压力(kN/m),其作用点距台底 $0.4H$ 处;

γ_s ——土的重力密度(kN/m³);

H ——台身高度(m);

K_A ——非地震条件下作用于台背的主动土压力系数;

φ_A ——台背土的内摩擦角(°);

A ——E1 或 E2 地震作用下水平向地震动峰值加速度。

2 当判定桥台地表以下 10 m 内有液化土层或软土层时,桥台基础应穿过液化土层或软土层;当液化土层或软土层超过 10 m 时,桥台基础应埋深至地表以下 10 m 处。其作用于桥台台背的主动土压力应按下式计算:

$$E_{ea} = \frac{1}{2}\gamma_s H^2 (K_A + 2A/g) \quad (5.4.2-3)$$

式中:符号含义同式(5.4.2-1)。

5.4.3 对浸入水中的桥墩,在常水位以下部分,水深小于或等于 5 m 时,抗震设计中可不考虑地震动水压力的影响。

5.4.4 对浸入水中的桥墩,在常水位以下部分,水深大于 5 m 时,地震动水压力对桥梁竖向的作用可不考虑,对桥梁水平方向的作用,应按附加质量法考虑。即在计算模型中,用附加在水下部分桥墩上的质量来表达动水压力作用效应,对浸入水中的桥墩水平方向总有效质量应按下列质量之和计算:

1 桥墩的实际质量(不考虑浮力)。

2 桥墩内部可能包围的水的质量(对空心墩)。

3 浸入水中桥墩的附加质量,单位长度水的附加质量,可按下列公式估算:

半径为 R_0(m)的圆形截面桥墩:

$$m_a = \rho_w \pi R_0^2 \tag{5.4.4-1}$$

式中:m_a——桥墩单位长度水的附加质量(kg/m);

ρ_w——水的质量密度(kg/m³)。

轴长为 $2a_x$ 和 $2a_y$ 的椭圆形截面桥墩:

$$m_a = \rho_w \pi (a_y^2 \cos^2\theta + a_x^2 \sin^2\theta) \tag{5.4.4-2}$$

式中:θ——水平向地震动输入方向与椭圆形截面 x 轴(长轴或短轴)的夹角。

边长为 $2a_x$ 和 $2a_y$ 且水平向地震动输入沿 x 轴方向的矩形截面桥墩:

$$m_a = k\rho_w \pi a_y^2 \tag{5.4.4-3}$$

式中:k——矩形截面附加质量系数,可按表 5.4.4 线性插值求取。

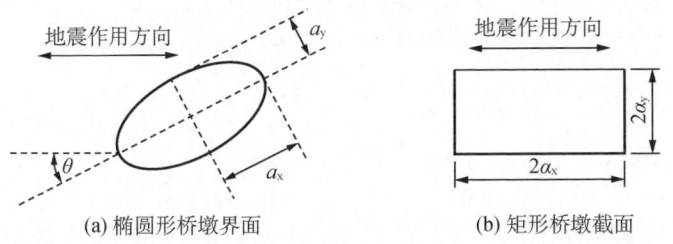

(a) 椭圆形桥墩界面　　(b) 矩形桥墩截面

图 5.4.4　椭圆形及矩形桥墩截面尺寸定义

表 5.4.4 矩形截面桥墩附加质量系数

a_y/a_x	0.1	0.2	0.5	1.0	2.0	5.0	10.0	20.0
k	2.23	1.98	1.70	1.51	1.36	1.21	1.14	1.00

5.5 作用效应组合

5.5.1 桥梁抗震设计应考虑以下作用:
　　1 永久作用,包括结构重力、预应力、土压力、水压力。
　　2 地震作用,包括地震动的作用和地震主动土压力、动水压力等。
　　3 在进行支座抗震验算时,应计入50%均匀温度作用效应。
　　4 对轨道交通桥梁,应分别按有车、无车进行计算;当桥上有车时,纵桥向不计算活载引起的地震作用;横桥向计入50%活载引起的地震力,作用于轨顶以上2 m处,活载竖向力按列车竖向静活载的100%计算。

5.5.2 桥梁抗震设计时的作用效应组合应包括本标准第5.5.1条要求的各种作用,作用效应的组合系数应取1.0。

6 抗震分析

6.1 一般规定

6.1.1 对墩高超过 40 m、墩身第一阶振型有效质量低于 60% 且结构进入塑性的高墩桥梁,应进行抗震专题研究。

6.1.2 抗震分析时,可将桥梁划分为规则桥梁和非规则桥梁两类。简支梁及表 6.1.2 限定范围内的梁式桥属于规则桥梁,不在此表限定范围内的桥梁属于非规则桥梁。

表 6.1.2 规则桥梁的定义

参 数	参数值				
单跨最大跨径	≤90 m				
墩高	≤30 m				
墩柱计算高度与直径或宽度比	大于 2.5 且小于 10				
跨数	2	3	4	5	6
曲线桥梁圆心角 φ 及半径 R	单跨 $\varphi<30°$ 且一联累计 $\varphi<90°$,同时曲梁半径 $R \geqslant 20B_0$(B_0 为桥宽)				
跨与跨间最大跨长比	3	2	2	1.5	1.5
轴压比	<0.3				
任意两桥墩间最大抗推刚度比	—	4	4	3	2
支座类型	普通板式橡胶支座、盆式支座、球型支座和墩梁固接等;采用减隔震支座或容许普通板式橡胶支座滑动,则属于非规则桥梁				
下部结构类型	桥墩为单柱墩、双柱框架墩、多柱排架墩				
地基条件	不易冲刷、液化或侧向滑移的场地				

6.1.3 根据本标准第 6.1.2 条的规则桥梁和非规则桥梁分类，桥梁的抗震计算方法可按表 6.1.3 选用。

表 6.1.3 桥梁抗震分析方法

地震作用 设防等级	甲、乙、丙		丁	
	规则	非规则	规则	非规则
E1 地震作用	SM/MM	MM/TH	SM/MM	MM/TH
E2 地震作用	SM/MM	MM/TH	—	—

注：SM 为单振型反应谱法；MM 为多振型反应谱法；TH 为线性或非线性时程分析法。

6.1.4 E2 地震作用下，若大跨度连续梁或连续刚构桥（主跨超过 90 m）墩柱已进入塑性工作范围，且桥梁承台质量较大，地震下承台质量惯性力对桩基础地震作用效应不能忽略时，应采用非线性时程分析法进行抗震分析。

6.1.5 对 6 跨以上的长联连续梁桥，应采用非线性时程分析法，考虑活动支座摩擦作用效应进行抗震分析。

6.1.6 对斜交桥梁和非规则曲线桥梁，宜采用非线性时程分析法进行抗震分析。

6.1.7 在进行桥梁抗震分析时，截面抗弯刚度取值应满足下列要求：

1 E1 地震作用下，桥梁的所有构件抗弯刚度均应按毛截面计算。

2 E2 地震作用下，计算结构内力，用以判断延性构件是否屈服以及按弹性反应计算能力保护构件设计内力值时，桥梁的所有构件抗弯刚度均应按毛截面计算。

3 E2 地震作用下，计算结构变形时，延性构件的有效截面抗弯刚度应按式（6.1.7）计算，但其他构件抗弯刚度仍应按毛截面计算：

$$E_c \times I_{eff} = \frac{M_y}{\varphi_y} \qquad (6.1.7)$$

式中：E_c——桥墩混凝土的弹性模量（kN/m^2）；
I_{eff}——桥墩有效截面抗弯惯性矩（m^4）；
M_y——等效屈服弯矩（$kN \cdot m$），可按本标准第 7.3.9 条计算；
φ_y——等效屈服曲率（1/m），可按本标准第 7.3.9 条计算。

6.1.8 在进行桥梁结构抗震分析时，地震动的输入宜按下列方式选取：

1 跨越河流的桥梁，地震动输入宜取一般冲刷线处的场地地震动。

2 其他桥梁，地震动输入宜取地表处的场地地震动。

6.1.9 对于地震作用下可能发生液化的场地，应按非液化、液化两种情况分别进行桥梁的地震反应分析，并按最不利工况进行抗震设计。

6.1.10 对于具有倾斜上覆非液化土层的液化场地，土体液化可能引起地面大变形，桥梁抗震设计应进行专题研究。其中，对于水平倾角小于 10°的液化场地，可按下式计算地基液化对桩基桥梁地震响应影响程度的指标 LSI。LSI≤0.3 时，可按非液化场地的情况计算。

$$\text{LSI} = 0.39 \times (N_1)_{60}^{-0.077} \times H_{\text{crust}}^{-0.016} \times H_s^{-0.49} \times I_a^{1.15}$$
(6.1.10-1)

式中：LSI——地基液化影响程度指标；
$(N_1)_{60}$——标准贯入击数修正值；
H_{crust}——上覆非液化土层厚度（m）；
H_s——液化土层厚度（m）；
I_a——对应非液化场地的地表地震动 Arias 强度指标（m/s），按式（6.1.10-2）计算。

$$I_a = \frac{\pi}{2g} \int_0^{t_{\max}} a_s(t)^2 dt \quad (6.1.10\text{-}2)$$

式中：$a_s(t)$——时刻 t 的地表加速度（m/s²）；

t_{max}——加速度时程总持时。

6.2 建模原则

6.2.1 在 E1 和 E2 地震作用下，除规则桥梁外，应建立桥梁结构的空间动力计算模型，计算模型应反映实际桥梁结构的动力特性；规则桥梁可按本标准第 6.5 节的要求选用简化计算模型。

6.2.2 桥梁结构动力计算模型应能正确反映桥梁上部结构、下部结构、支座和地基的刚度、质量分布及阻尼特性，一般情况下应满足下列要求：

1 计算模型中的梁体和墩柱通常可采用空间杆系单元模拟，单元质量可采用集中质量代表。墩柱和梁体的单元划分应反映结构的实际动力特性。

2 支座单元应反映支座的力学特性。

3 混凝土结构的阻尼比可取为 0.05；进行时程反应分析时，可采用瑞利阻尼。

4 计算模型应考虑相邻结构和边界条件的影响，对于共同参与地震力分配的相邻结构，一般情况应取计算模型左、右各一联桥梁结构作为边界条件。

6.2.3 进行直线桥梁地震反应分析时，可分别考虑沿纵桥向和横桥向两个水平方向地震动输入；进行曲线桥梁地震反应分析时，宜分别沿相邻两桥墩连线方向和其法线方向进行多方向地震输入，以确定最不利地震水平输入的方向。

6.2.4 进行非线性时程反应分析时，墩柱应采用能反映结构弹塑性动力行为的单元。

6.2.5 桥梁结构抗震分析时应考虑支座的影响。板式橡胶支座与梁底或墩顶滑动前可采用线性弹簧单元模拟，其剪切刚度可按下式计算：

$$k = \frac{G_d A_r}{\sum t} \qquad (6.2.5)$$

式中：G_d——板式橡胶支座的动剪切模量（kN/m^2），一般取 1 200 kN/m^2；

　　　A_r——橡胶支座的剪切面积（m^2）；

　　　$\sum t$——橡胶层的总厚度（m）。

6.2.6 活动支座的摩擦作用效应可采用双线性理想弹塑性弹簧单元模拟，其恢复力模型见图6.2.6，并应符合下列要求：

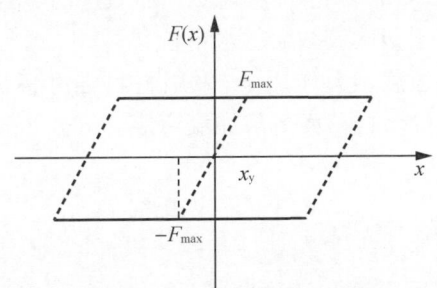

图 6.2.6 活动支座恢复力模型

1 活动支座临界滑动摩擦力 F_{max}（kN）：

$$F_{max} = \mu_d R_b \qquad (6.2.6-1)$$

式中：μ_d——滑动摩擦系数，一般取0.02，普通板式橡胶支座如允许梁底滑动，取0.2；

　　　R_b——支座竖向压力（kN）。

2 滑板橡胶支座的初始刚度按式（6.2.5）计算。

3 活动盆式支座或球型支座的初始刚度：

$$k = \frac{F_{max}}{x_y} \qquad (6.2.6-2)$$

式中：x_y——活动盆式支座屈服位移(m)，取支座临界滑动时的位移，一般取 0.003 m。

6.2.7 对采用桩基础的桥梁，计算模型应考虑桩土共同作用，桩土共同作用可采用等代土弹簧模拟，等代土弹簧的刚度可采用 m 法计算。

6.2.8 当墩柱满足式(6.2.8)要求时，可不考虑 $P-\Delta$ 效应。

$$P_{dl}\Delta_r \leqslant 0.25 M_y \qquad (6.2.8)$$

式中：P_{dl}——墩柱恒载轴力；

Δ_r——E2 地震下，不考虑 $P-\Delta$ 效应时，墩柱反弯点相对于塑性铰截面的水平位移；

M_y——恒载轴力作用下，采用材料强度标准值计算得到的墩柱截面等效屈服弯矩。

6.3 反应谱法

6.3.1 当采用反应谱法计算地震反应时，加速度反应谱应按本标准第 5.2 节的规定确定。

6.3.2 当采用多振型反应谱法计算时，振型阶数在计算方向给出的有效振型参与质量不应低于该方向结构总质量的 90%。

6.3.3 振型组合方法应按下列规定采用：

1 一般可采用 SRSS 方法，按下式确定：

$$F = \sqrt{\sum S_i^2} \qquad (6.3.3-1)$$

式中：F——结构的地震作用效应；

S_i——结构第 i 阶振型地震作用效应。

2 当结构相邻两阶振型的自振周期 T_m 和 T_n 接近时（$T_m > T_n$），即 T_n 和 T_m 之比 ρ_T 满足式(6.3.3-2)，应采用 CQC 方法按式(6.3.3-3)计算地震作用效应：

$$\rho_T = \frac{T_n}{T_m} \geqslant \frac{0.1}{0.1+\xi} \qquad (6.3.3\text{-}2)$$

$$F = \sqrt{\sum\sum S_i r_{ij} S_j} \qquad (6.3.3\text{-}3)$$

$$r_{ij} = \frac{8\xi^2(1+\rho_{T,ij})\rho_{T,ij}^{\frac{3}{2}}}{(1-\rho_{T,ij}^2)^2 + 4\xi^2 \rho_{T,ij}(1+\rho_{T,ij})^2} \qquad (6.3.3\text{-}4)$$

式中：ξ——阻尼比；

ρ_T——相邻两阶振型自振周期比，$\rho_T < 1$；

r_{ij}——任意两阶振型 i 与 j 地震作用效应的相关系数；

$\rho_{T,ij}$——任意两阶振型 i 与 j 自振周期比。

6.4 时程分析法

6.4.1 地震加速度时程应按本标准第5.3节的规定选取，不得少于7组。

6.4.2 时程分析的最终结果，应取各组计算结果的平均值。

6.4.3 线性时程分析的结果与多振型反应谱的结果，相差不宜超过20%。

6.5 规则桥梁抗震分析

6.5.1 对满足本标准第6.1.2条要求的规则桥梁可按本节分析方法，等效为单自由度体系，按单振型反应谱方法进行 E1 和 E2 地震作用下结构的内力和变形计算。

6.5.2 对简支梁桥，其纵桥向和横桥向水平地震力可采用下列简化方法计算，其计算简图见图 6.5.2。

1 纵桥向和横桥向水平地震力可按下列公式计算：

$$E_{ktp} = SM_t \qquad (6.5.2\text{-}1)$$

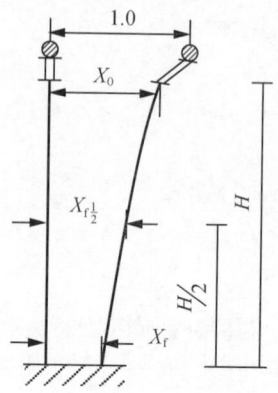

图 6.5.2 柱式墩计算简图

$$M_t = M_{sp} + \eta_{cp} M_{cp} + \eta_p M_p \quad (6.5.2\text{-}2)$$

$$\eta_{cp} = X_0^2 \quad (6.5.2\text{-}3)$$

$$\eta_p = 0.16(X_0^2 + X_f^2 + 2X_{f\frac{1}{2}}^2 + X_f X_{f\frac{1}{2}} + X_0 X_{f\frac{1}{2}})$$

$$(6.5.2\text{-}4)$$

式中：E_{ktp} ——纵桥向作用于固定支座顶面或横桥向作用于上部结构质心处的水平力(kN)；

S ——根据结构基本周期，按本标准第 5.2.1 条计算出的反应谱值；

M_t ——换算质点质量(t)；

M_{sp} ——桥梁上部结构的质量(t)，一跨梁的质量，对于轨道交通桥梁横桥向，还应计入 50% 的活载质量；

M_{cp} ——盖梁的质量(t)；

M_p ——墩身质量(t)，对于扩大基础，为基础顶面以上墩身的质量；

η_{cp} ——盖梁质量换算系数；

η_p ——墩身质量换算系数；

X_0——考虑地基变形时,纵桥向作用于支座顶面或横桥向作用于上部结构质心处的单位水平力在墩身计算高度 H 处引起的水平位移与单位力作用处的水平位移之比值;

X_f,$X_{f\frac{1}{2}}$——分别为考虑地基变形时,纵桥向作用于支座顶面上或横桥向作用于上部结构质心处的单位水平力在墩身计算高度 $H/2$ 处、一般冲刷线或基础顶面引起的水平位移与单位力作用处的水平位移之比值。

2 一般情况可按下式计算各简支梁桥的基本周期:

$$T_1 = 2\pi\sqrt{M_t\delta} \qquad (6.5.2-5)$$

式中:T_1——简支梁桥纵桥向或横桥向的基本周期(s);

δ——在纵桥向或横桥向作用于支座顶面或上部结构质心上单位水平力在该点引起的水平位移(m/kN),纵桥向和横桥向应分别计算,计算时可按现行行业标准《公路桥涵地基与基础设计规范》JTG 3363 的有关规定计算地基变形作用效应。

6.5.3 连续梁一联中一个墩采用纵桥向固定支座,其余均为纵桥向活动支座,其纵桥向地震反应可按下列公式计算:

1 纵桥向作用于固定支座顶面的地震力可按下式计算:

$$E_{ktp} = SM_t - \sum_{i=1}^{N}\mu_i R_i \qquad (6.5.3-1)$$

$$M_t = M_{sp} + M_{cp} + \eta M_p \qquad (6.5.3-2)$$

2 纵桥向作用于活动支座顶面的地震力可按下式计算:

$$E_{kti} = \mu_i R_i \qquad (6.5.3-3)$$

式中:M_t——支座顶面处的换算质点质量(kN);

M_{sp} ——一联桥梁上部结构的质量(t);
M_{cp} ——固定墩盖梁的质量(t);
M_p ——固定墩墩身质量(t);
R_i ——第 i 个活动支座的恒载反力(kN);
μ_i ——第 i 个活动支座的摩擦系数,一般取 0.02。

6.5.4 采用板式橡胶支座的规则连续梁和连续刚构桥梁在纵桥向 E1 和 E2 地震作用下的地震反应可按下列简化方法计算:

1 建立结构计算模型,模型中应考虑上部结构、支座、桥墩及基础等刚度的影响,计算均布荷载 p_0 沿一联梁体轴线作用下结构的位移 $v_s(x)$,计算简图见图 6.5.4。

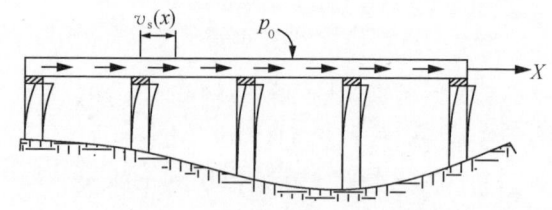

图 6.5.4 纵桥向计算模型

2 计算桥梁的纵桥向刚度 K_1:

$$K_1 = \frac{p_0 L}{v_{s,\max}} \quad (6.5.4-1)$$

式中:p_0——均布荷载(kN/m);
L——一联桥梁总长(m);
$v_{s,\max}$——p_0 作用下的最大水平位移(m);
K_1——桥梁的纵桥向刚度(kN/m)。

3 计算结构周期 T:

$$T = 2\pi \sqrt{\frac{M_t}{K_1}} \quad (6.5.4-2)$$

式中：M_t——一联桥梁总质量(t)，应包含梁体质量，以及按本标准第6.5.2条墩身质量换算系数 η_p、盖梁质量换算系数 η_{cp} 等效的各墩身质量和盖梁质量之和。

4 计算地震等效均布荷载 p_e：

$$p_e = \frac{SM_t}{L} \quad (6.5.4-3)$$

式中：p_e——地震等效静力荷载(kN/m)。

5 按静力法计算均布荷载 p_e 作用下的结构内力、位移反应。

6.5.5 规则连续梁和连续刚架桥，当全桥墩梁间横桥向没有相对位移时，在横桥向E1和E2地震作用下的地震反应，可按下列方法计算：

1 建立结构计算模型，在模型中应考虑上部结构、支座、桥墩及基础等刚度的影响，并应考虑相邻结构边界条件的影响，一般情况应取计算模型左、右各一联桥梁结构(边界联)作为边界条件。

2 计算均布荷载 p_0 沿计算模型(包含边界联)垂直梁体轴线作用下，所计算联横桥向最大结构的位移 $v_s(x)$，计算模型见图6.5.5。

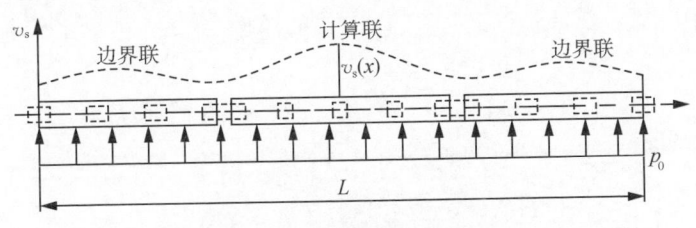

图 6.5.5 横桥向计算模型

3 计算桥梁的横桥向等效刚度 K_t：

$$K_t = \frac{p_0 L}{v_{s,\max}} \quad (6.5.5-1)$$

式中:p_0——均布荷载(kN/m);

L——计算模型总长(包含左、右边界联的长度)(m);

$v_{s,\max}$——p_0作用下计算联横向的最大水平位移(m);

K_t——横桥向等效刚度(kN/m)。

4 计算结构周期 T:

$$T=2\pi\sqrt{\frac{M_t}{K_t}} \quad (6.5.5-2)$$

5 计算地震等效静力荷载 p_e:

$$p_e=\frac{SM_t}{L} \quad (6.5.5-3)$$

式中:p_e——地震等效静力荷载(kN/m)。

6 按静力法计算均布荷载 p_e 作用下的结构内力、位移反应。

6.5.6 E2 地震下,相邻联(跨)间的最大纵向相对位移,可采用下式计算:

$$D_{DDC}=\sqrt{D_1^2+D_2^2-2r_{12}|D_1||D_2|} \quad (6.5.6-1)$$

式中:D_1,D_2——E2 地震下,相邻的单联(跨)桥主梁最大地震位移;

r_{12}——相邻联(跨)纵向位移的相关系数,按下式计算:

$$r_{12}=\frac{8\sqrt{\xi_1\xi_2}(\xi_1+\rho_T\xi_2)\rho_T^{3/2}}{(1-\rho_T^2)^2+4\xi_1\xi_2\rho_T(1+\rho_T^2)+4(\xi_1^2+\xi_2^2)\rho_T^2}$$

$$(6.5.6-2)$$

式中:ξ_1,ξ_2——相邻的单联(跨)桥的主梁位移控制振型阻尼比,ρ_T 为控制振型的周期比。

6.6 能力保护构件计算

6.6.1 墩柱抗剪、桥墩盖梁和基础、支座、主梁作为能力保护构件设计,其弯矩和剪力设计值,应取与墩柱塑性铰区域截面超强弯矩所对应的弯矩和剪力值。

6.6.2 墩柱塑性铰区域截面超强弯矩应按下式计算:

$$M_{y0} = \phi^0 M_y \quad (6.6.2)$$

式中:M_{y0}——纵桥向或横桥向超强弯矩;

M_y——按截面实配钢筋,采用材料强度标准值,在最不利轴力作用下计算出的截面纵桥向或横桥向等效屈服弯矩;

ϕ^0——桥墩正截面抗弯承载力超强系数,ϕ^0取1.2。

6.6.3 在E2地震作用下,如结构未进入塑性或轻微进入塑性状态,桥梁墩柱的剪力设计值、桥梁盖梁、基础、支座和主梁的内力设计值可采用E2地震作用的计算结果与按能力保护构件计算结果的小值。

6.6.4 双柱和多柱墩塑性铰区域截面纵桥向超强弯矩可按本标准第6.6.2条计算,横桥向超强弯矩可按下列步骤计算:

1 假设墩柱轴力为恒载轴力。

2 按截面实配钢筋,采用材料强度标准值,按本标准式(6.6.2)计算出各墩柱塑性铰区域截面超强弯矩。

3 计算各墩柱相应于其超强弯矩的剪力值,并按下式计算各墩柱剪力值之和Q(kN):

$$Q = \sum_{i}^{N} Q_i \quad (6.6.4)$$

式中:Q_i——各墩柱相应于塑性铰区域截面的超强弯矩的剪力值(kN)。

4 将 Q 按正、负方向分别施加于盖梁质心处,计算各墩柱所产生的轴力(图 6.6.4)。

5 将合剪力 Q 产生的轴力与恒载轴力组合后,采用组合的轴力,重复步骤 2 和 4 进行迭代计算,直到相邻 2 次计算各墩柱剪力之和相差在 10%以内。

6 采用上述组合中的轴力,按步骤 2 计算各墩柱塑性区域截面超强弯矩。

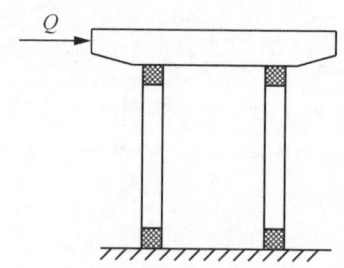

图 6.6.4 轴力计算模式(图中:▨代表塑性铰区域)

6.6.5 固定支座和板式橡胶支座所受水平地震力应按能力保护方法计算,其水平力设计值可直接根据本节计算出的对应墩柱剪力设计值确定。

6.6.6 延性桥墩的盖梁的弯矩设计值 M_{p0},应按下式计算:

$$M_{p0}=M_{hc}^{s}+M_{G} \qquad (6.6.6)$$

式中:M_{hc}^{s}——墩柱顶端截面超强弯矩(应分别考虑正负弯矩)(kN·m);

M_{G}——由结构恒载产生的弯矩(kN·m)。

6.6.7 延性桥墩的盖梁剪力设计值应按本标准第 6.6.4 条方法得到的盖梁剪力与恒载剪力按最不利组合进行取值。

6.6.8 基础的弯矩、剪力和轴力设计值应根据墩柱塑性铰区截面的超强弯矩、剪力设计值和墩柱轴力,并考虑承台自身地震惯性力与土抗力的贡献来计算。双柱和多柱墩基础的横桥向剪力、弯矩设计值,可采用将本标准式(6.6.4)计算出的各墩柱合剪力 Q 作用在盖梁质心处、并考虑承台自身地震惯性力与土抗力贡献后计算得到的承台底剪力和弯矩。

6.6.9 对于低桩承台基础,承台自身地震惯性力与土抗力贡献可按下式计算:

$$F_t = M_{ct}A - E_{hcz} \quad (6.6.9-1)$$

式中:F_t——承台自身地震惯性力与土抗力贡献的合力(kN)。
M_{ct}——承台的质量(t)。
A——水平向地震动峰值加速度,按本标准第3.2.2条取值。
E_{hcz}——对于非液化土中低桩承台基础,当回填土为压实填土(满足本标准第4.4.3条要求)时,土抗力可取承台侧被动土压力的1/3;其他情况 $E_{hcz}=0$。承台侧被动土压力按朗金被动土压力理论计算:

$$E_{pc} = (\gamma_t h_{cc} K_{pt} + 2c_t \sqrt{K_{pt}}) B_c H_c \quad (6.6.9-2)$$

式中:E_{pc}——承台侧被动土压力值(kN);
γ_t——回填土重度(kN/m³);
h_{cc}——承台中心埋深(m);
c_t——回填土内聚力(kPa);
B_c——承台宽度(m);
H_c——承台高度(m);
K_{pt}——被动土压力系数,取 $K_{pt} = \tan^2(45° + \varphi_A/2)$,其中 φ_A 为内摩擦角。

6.6.10 对于高桩承台基础,如果E2地震下桥墩墩底屈服,则承台自身地震惯性力可将高桩承台基础作为独立单自由度系统,采用单振型反应谱法简化计算。

6.7 桥 台

6.7.1 地震作用下,桥台不参与抵抗梁体地震惯性力时,桥台台身的水平地震力可按下式计算：

$$E_{\text{hau}} = M_{\text{au}} A \qquad (6.7.1)$$

式中：A——水平向地震动峰值加速度，按本标准式(3.2.2)计算；

E_{hau}——作用于台身重心处的水平地震作用力(kN)；

M_{au}——基础顶面以上台身的质量(t)。

6.7.2 设有固定支座并要求E2地震下固定支座正常工作的桥台，抗震设计应进行专题研究。

6.7.3 作用在桥台上的主动土压力和动水压力可按本标准第5.4节计算。

7 抗震验算

7.1 一般规定

7.1.1 桥墩、桥台、基础、支座、连续刚构桥梁体等应进行抗震验算。

7.1.2 在 E1 和 E2 地震作用下,各类桥梁的抗震验算目标应满足本标准表 3.1.2 的要求。

7.2 E1 地震作用下抗震验算

7.2.1 抗震设防类别为甲类、乙类、丙类的桥梁,纵桥向和横桥向 E1 地震作用效应按本标准第 5.5.2 条组合后,按现行行业标准《公路钢筋混凝土及预应力混凝土桥涵设计规范》JTG 3362 的相关规定验算桥墩抗弯强度;抗震设防类别为丁类的桥梁,纵桥向和横桥向 E1 地震作用效应按本标准第 5.5.2 条组合后,按现行行业标准《公路钢筋混凝土及预应力混凝土桥涵设计规范》JTG 3362 和《公路桥涵地基与基础设计规范》JTG 3363 的相关规定验算桥墩、桥台、盖梁和基础等的强度。

7.2.2 抗震设防类别为丁类的桥梁,支座抗震能力可按下列方法验算:

  1 板式橡胶支座的抗震验算

    1)支座厚度验算

$$\sum t \geqslant \frac{X_{\mathrm{E}}}{\tan \gamma} = X_{\mathrm{E}} \qquad (7.2.2\text{-}1)$$

$$X_E = \alpha_d X_D + X_H + 0.5 X_T \quad (7.2.2\text{-}2)$$

式中：X_E——考虑地震作用、均匀温度作用和永久作用组合后的橡胶支座位移；

$\sum t$——橡胶层的总厚度(mm)；

$\tan\gamma$——橡胶剪切角正切值，取 $\tan\gamma=1.0$；

X_D——E1 地震作用下橡胶支座的水平位移(mm)；

X_H——永久作用产生的橡胶支座的水平位移(mm)；

X_T——均匀温度作用产生橡胶支座的水平位移(mm)；

α_d——支座调整系数，一般取 2.3。

2）支座抗滑稳定性验算

$$\mu_d R_b \geqslant E_{hzh} \quad (7.2.2\text{-}3)$$

$$E_{hzh} = \alpha_d E_{hze} + E_{hzd} + 0.5 E_{hzT} \quad (7.2.2\text{-}4)$$

式中：μ_d——支座的动摩阻系数，橡胶支座与混凝土表面的动摩阻系数采用 0.25，与钢板的动摩阻系数采用 0.20；

E_{hzh}——支座水平组合地震力(kN)；

R_b——上部结构重力在支座上产生的反力(kN)；

E_{hze}——E1 地震作用下橡胶支座的水平地震力(kN)；

E_{hzd}——永久作用产生的橡胶支座水平力(kN)；

E_{hzT}——均匀温度引起的橡胶支座的水平力(kN)；

α_d——支座调整系数，一般取 2.3。

2 盆式支座和球形支座的抗震验算

1）活动支座

$$X_E \leqslant X_{max} \quad (7.2.2\text{-}5)$$

$$X_E = \alpha_d X_D + X_H + 0.5 X_T \quad (7.2.2\text{-}6)$$

式中：X_E——考虑地震作用、均匀温度作用和永久作用组合后的支座位移；

α_d ——支座调整系数,一般取 2.3;
X_D ——E1 地震作用产生的支座水平位移(mm);
X_H ——永久作用产生的支座水平位移(mm);
X_T ——均匀温度作用产生的支座水平位移(mm);
X_{max} ——活动支座的容许水平位移(mm)。

2) 固定支座

$$E_{hzh} \leqslant E_{max} \quad (7.2.2-7)$$

$$E_{hzh} = \alpha_d E_{hze} + E_{hzd} + 0.5 E_{hzT} \quad (7.2.2-8)$$

式中:α_d ——支座调整系数,一般取 2.3;
E_{hzh} ——支座水平组合地震力(kN);
E_{hze} ——E1 地震作用产生的支座水平地震力(kN);
E_{hzd} ——永久作用产生的支座水平力(kN);
E_{hzT} ——均匀温度作用产生的支座水平力(kN);
E_{max} ——固定支座的容许水平力(kN)。

7.2.3 E1 地震下,各类桥梁的伸缩缝应保持正常功能,可采用以下方法进行验算:

$$X_j \leqslant X_{eju} \quad (7.2.3-1)$$

$$X_j = X_{jD} + X_{jH} + 0.5 X_{jT} \quad (7.2.3-2)$$

式中:X_j ——考虑地震作用、均匀温度作用和永久作用组合后的伸缩缝处梁间纵向相对位移;
X_{jD} ——E1 地震作用下伸缩缝处梁间纵向相对水平位移(mm);
X_{jH} ——永久作用产生的伸缩缝处梁间纵向相对位移(mm);
X_{jT} ——均匀温度作用产生的伸缩缝处梁间纵向相对位移(mm);
X_{eju} ——伸缩缝的容许纵向位移(mm)。

7.3 E2 地震作用下抗震验算

7.3.1 E2 地震作用下,应按式(7.3.4-1)验算桥墩墩顶的位移,对高宽比小于 2.5 的矮墩,可不验算桥墩的变形,但应按本标准第 7.3.2 条验算抗弯和抗剪强度。采用非线性时程分析法进行地震反应分析的桥梁可按式(7.3.4-2)验算塑性转角。

7.3.2 对矮墩,纵桥向和横桥向 E2 地震作用效应和永久作用效应组合后,应按现行行业标准《公路钢筋混凝土及预应力混凝土桥涵设计规范》JTG 3362 的相关规定验算桥墩的抗弯和抗剪强度,在验算矮墩抗弯强度时,截面抗弯能力可采用材料强度标准值进行计算。

7.3.3 在进行桥墩位移验算时,按弹性方法计算出的地震位移应乘以考虑弹塑性效应的地震位移修正系数 R_d,地震位移修正系数 R_d 可按下列公式计算:

$$R_d = \left(1 - \frac{1}{\mu_\Delta}\right)\frac{T^*}{T} + \frac{1}{\mu_\Delta} \geqslant 1.0, \quad \frac{T^*}{T} > 1.0$$
(7.3.3-1)

$$R_d = 1.0, \quad \frac{T^*}{T} \leqslant 1.0 \quad (7.3.3\text{-}2)$$

$$T^* = 1.25 T_g \quad (7.3.3\text{-}3)$$

式中:T——结构自振周期(s);

T_g——反应谱特征周期(s);

μ_Δ——桥墩构件延性系数,一般情况可取 3。

7.3.4 E2 地震作用下,应按下列公式验算纵桥向和横桥向桥墩墩顶的位移或桥墩塑性铰区域的塑性转动能力:

$$\Delta_d \leqslant \Delta_u \quad (7.3.4\text{-}1)$$

$$\theta_p \leqslant \theta_u \quad (7.3.4\text{-}2)$$

式中：Δ_d——E2 地震作用下墩顶的位移(mm)；如 E2 地震作用墩顶的位移采用弹性方法计算，应乘以本标准第 7.3.3 条规定的地震位移修正系数；

Δ_u——桥墩容许位移(mm)，按本标准第 7.3.6 和 7.3.7 条计算；

θ_p——E2 地震作用下，塑性铰区域的塑性转角；

θ_u——塑性铰区域的最大容许转角，可按本标准式(7.3.5-1)计算。

7.3.5 塑性铰区域的最大容许转角 θ_u 应根据极限破坏状态的截面曲率，按下式计算：

$$\theta_u = L_p(\phi_u - \phi_y)/K_{ds} \quad (7.3.5\text{-}1)$$

$$L_p = 0.08 H_p + 0.022 f_y d_{bl} \geqslant 0.044 f_y d_{bl} \quad (7.3.5\text{-}2)$$

式中：L_p——等效塑性铰长度(mm)；

ϕ_y——截面的等效屈服曲率(1/mm)，可按本标准第 7.3.9 条计算；

ϕ_u——截面的极限曲率(1/mm)，一般情况下，可按本标准第 7.3.9 条计算；

H_p——悬臂墩的高度或塑性铰截面到反弯点的距离(mm)；

K_{ds}——延性安全系数，抗震设防类别为乙类时取 3.0，抗震设防类别为丙类时取 2.3；

f_y——纵向主筋抗拉强度标准值(MPa)；

d_{bl}——纵向主筋的直径(mm)。

7.3.6 悬臂墩容许位移可按下式计算：

$$\Delta_u = \frac{1}{3} H_p^2 \times \phi_y + (H_p - \frac{L_p}{2}) \times \theta_u \quad (7.3.6)$$

式中：H_p ——悬臂墩的高度(mm)；
　　　ϕ_y ——截面的等效屈服曲率（1/mm），可按本标准第7.3.9条计算；
　　　L_p ——等效塑性铰长度(mm)，可按本标准式(7.3.5-2)计算；
　　　θ_u ——塑性铰区域的最大容许转角，可按本标准式(7.3.5-1)计算。

7.3.7 对双柱框架墩和排架墩，其纵桥向的容许位移可按本标准式(7.3.6)计算，横桥向的容许位移可在盖梁处施加水平力F(图7.3.7)，进行非线性静力分析，当墩柱的任一塑性铰达到其最大容许转角或对应截面最大容许曲率时，盖梁处的横向水平位移即为容许位移。截面最大容许转角按式(7.3.5-1)计算。

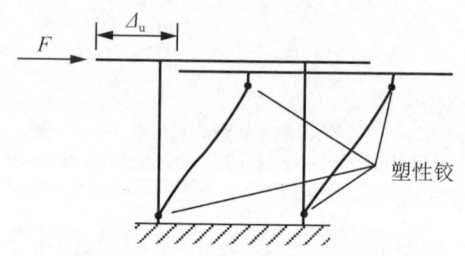

图 7.3.7 双柱框架墩的容许位移

7.3.8 双柱框架墩的横桥向容许位移也可采用下式进行简化计算：

$$\Delta_u = \frac{1}{6} H_0^2 \times \phi_y + (H_0 - L_p) \times \theta_u \qquad (7.3.8-1)$$

式中：H_0 ——墩柱高度(mm)；
　　　ϕ_y ——墩柱底塑性铰区截面等效屈服曲率(1/mm)，考虑恒载轴力，按本标准第7.3.9条计算；
　　　L_p ——墩柱底等效塑性铰长度（mm），可按本标准式(7.3.5-2)计算；

θ_u ——墩柱底塑性铰区域的最大容许转角,截面轴力按最不利考虑,即恒载轴力和最大动轴力之和,按本标准式(7.3.5-1)计算。其中,墩柱的最大动轴力 N_V 可按下式计算:

$$N_V = \frac{QH_0}{2S_p} \qquad (7.3.8-2)$$

式中:Q ——框架墩各墩柱剪力设计值之和(kN),按本标准第6.6.4条计算;

S_p ——墩柱间距(mm)。

7.3.9 截面的等效屈服曲率 ϕ_y 和等效屈服弯矩 M_y,可将考虑最不利轴力组合的弯矩-曲率曲线等效为理想弹塑性弯矩-曲率曲线来求得,等效方法可根据图中两个阴影面积相等求得(图 7.3.9-1)。图中 M'_y 和 ϕ'_y 分别为受拉钢筋首次屈服对应的弯矩和曲率;ϕ_u 为极限破坏状态的截面曲率,为混凝土应变达到极限压应变 ε_{cu} 或纵筋达到折减极限应变 ε_{lu} 时相应的曲率。

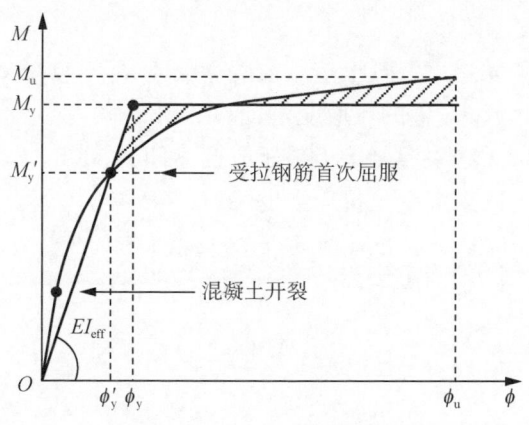

图 7.3.9-1 等效屈服曲率

1 钢筋材料本构按双线性模型确定,见图 7.3.9-2(a),图中各参数含义如下：

f_y——纵向钢筋屈服强度标准值（MPa）；

E_s——纵向钢筋弹性模量（GPa）；

b_s——纵向钢筋屈后硬化率，可取 0.007，即屈后模量为 $0.007E_s$；

ε_{lu}——纵筋的折减极限应变，$\varepsilon_{lu}=0.1$。

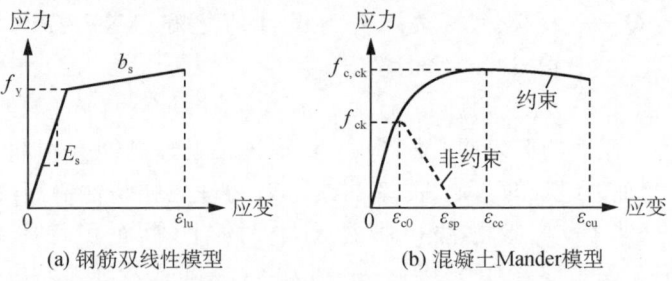

(a) 钢筋双线性模型　　　(b) 混凝土Mander模型

图 7.3.9-2　钢筋、混凝土的非线性材料本构模型

2 混凝土材料本构按 Mander 模型确定，见图 7.3.9-2(b)，图中各参数含义如下：

f_{ck}——无约束混凝土抗压强度标准值（MPa）。

ε_{c0}——f_{ck} 对应的压应变，可取 0.002。

ε_{sp}——无约束混凝土极限压应变，可取 0.006。

$f_{c,ck}$——约束混凝土抗压强度峰值（MPa）。

ε_{cc}——$f_{c,ck}$ 对应的压应变，$\varepsilon_{cc}=\varepsilon_{c0}[1+5(f_{c,ck}/f_{ck}-1)]$。

ε_{cu}——约束混凝土极限应变，按下式计算：

$$\varepsilon_{cu}=0.004+\frac{1.4\rho_s \times f_{kh} \times \varepsilon_{su}^R}{f_{c,ck}} \quad (7.3.9\text{-}1)$$

式中：f_{kh}——箍筋抗拉强度标准值（MPa）。

ε_{su}^R——约束钢筋的折减极限应变，$\varepsilon_{su}^R=0.09$。

ρ_s——约束钢筋的体积含筋率，对于矩形箍筋：

$$\rho_s = \rho_x + \rho_y \qquad (7.3.9\text{-}2)$$

式中：ρ_x，ρ_y ——分别为纵桥向与横桥向箍筋体积含筋率，按下列公式计算：

$$\rho_x = \frac{A_{sx}}{s \cdot d_c} \qquad (7.3.9\text{-}3)$$

$$\rho_y = \frac{A_{sy}}{s \cdot b_c} \qquad (7.3.9\text{-}4)$$

式中：A_{sx}，A_{sy} ——分别为沿 x，y 方向箍筋的总截面积；
$\quad\quad s$ ——箍筋间距；
$\quad\quad d_c$，b_c ——分别为截面 y，x 方向的核心混凝土尺寸，按周边箍筋中心线计算。

7.3.10 应根据本标准第 6.7 节计算出桥台的地震作用效应和永久作用效应组合后，按现行行业标准《公路钢筋混凝土及预应力混凝土桥涵设计规范》JTG 3362 的相关规定验算桥台的承载能力。

7.3.11 抗震设防类别为甲类、乙类、丙类的桥梁，E2 地震下应避免伸缩缝处相邻结构的碰撞，可采用以下方法进行相邻的梁间距验算：

$$X_j \leqslant X_{ju} \qquad (7.3.11\text{-}1)$$

$$X_j = 1.2 X_{jD} + X_{jH} + 0.5 X_{jT} \qquad (7.3.11\text{-}2)$$

式中：X_j ——考虑地震作用、均匀温度作用和永久作用组合后的伸缩缝处梁间纵向相对位移(mm)；
$\quad\quad X_{jD}$ ——E2 地震作用下伸缩缝处梁间纵向相对水平位移（mm）；
$\quad\quad X_{jH}$ ——永久作用产生的伸缩缝处梁间纵向相对位移(mm)；
$\quad\quad X_{jT}$ ——均匀温度作用产生的伸缩缝处梁间纵向相对位移（mm）；
$\quad\quad X_{ju}$ ——伸缩缝处相邻的梁间距(mm)。

7.4 能力保护构件验算

7.4.1 能力保护构件(墩柱抗剪、桥墩盖梁和基础、支座及连续刚构桥梁体等)应按本节方法进行抗震验算。

7.4.2 墩柱斜截面抗剪强度应按下列公式验算:

$$V_{c0} \leqslant \phi(V_c + V_s) \quad (7.4.2\text{-}1)$$

式中:V_{c0}——剪力设计值(kN),按本标准第 6.6 节计算;

ϕ——抗剪强度折减系数,$\phi=0.9$;

V_c——混凝土部分提供的抗剪强度(kN),按下式计算:

$$V_c = 0.001 v_c A_e \quad (7.4.2\text{-}2)$$

A_e——核心混凝土面积(mm^2),可取 $A_e = 0.8 A_g$;

v_c——名义剪应力(MPa),对于塑性铰区域内按式(7.4.2-3)计算,塑性铰区域外按式(7.4.2-5)计算;

V_s——箍筋提供的抗剪强度(kN),可按式(7.4.2-6)计算。

1 塑性铰区域内混凝土名义剪应力可按下式计算:

$$v_c = \begin{cases} 0, & P_c \leqslant 0 \\ \lambda\left(1 + \dfrac{P_c}{0.0138 \times A_g}\right)\sqrt{f_{cd}} \leqslant \min\begin{cases} 0.41\sqrt{f_{cd}} \\ 1.50\lambda\sqrt{f_{cd}} \end{cases}, & P_c > 0 \end{cases}$$

$$(7.4.2\text{-}3)$$

$$0.03 \leqslant \lambda = \frac{\rho_s f_{yh}}{8.45} + 0.37 - 0.1\mu_\Delta \leqslant 0.3 \quad (7.4.2\text{-}4)$$

2 塑性铰区域外混凝土名义剪应力可按下式计算:

$$v_c = \begin{cases} 0, & P_c \leqslant 0 \\ 0.3 \times \left(1 + \dfrac{P_c}{0.0138 \times A_g}\right)\sqrt{f_{cd}} \leqslant 0.41\sqrt{f_{cd}} & P_c > 0 \end{cases}$$
(7.4.2-5)

3 箍筋提供的抗剪强度,可按式(7.4.2-6)计算:

$$V_s = \begin{cases} 0.0012 \times \dfrac{\pi}{2} \dfrac{A_{sp} f_{yh} D'}{s}, \text{圆形截面} \\ 0.0012 \times \dfrac{A_v f_{yh} h_0}{s}, \text{矩形截面} \end{cases} \leqslant 0.0008\sqrt{f_{cd}} A_e$$

(7.4.2-6)

$$\rho_s = \begin{cases} \dfrac{4A_{sp}}{sD'}, \text{圆形截面} \\ \dfrac{2A_v}{bs}, \text{矩形截面} \end{cases} \leqslant 2.0/f_{yh} \quad (7.4.2\text{-}7)$$

式中:f_{cd}——混凝土抗压强度设计值(MPa);
  A_g——墩柱塑性铰区域全截面面积(mm^2);
  μ_Δ——墩柱位移延性系数,为墩柱地震位移需求 Δ_d 与墩柱屈服位移之比;
  P_c——墩柱截面最小轴压力(kN),对于框架墩横向需按本标准第6.6.4条计算;
  A_{sp}——螺旋箍筋面积(mm^2);
  A_v——计算方向上箍筋面积总和(mm^2);
  s——箍筋的间距(mm);
  f_{yh}——箍筋抗拉强度设计值(MPa);
  b——墩柱的宽度(mm);
  D'——螺旋箍筋环的直径(mm);
  h_0——核心混凝土受压边缘至受拉侧钢筋重心的距离(mm)。

7.4.3 应根据本标准第6.6节计算的基础弯矩、剪力和轴力设计值和永久作用效应组合后,按现行行业标准《公路桥涵地基与基础设计规范》JTG 3363进行基础强度验算。

1 单桩抗压、抗拉承载力验算时,可采用本标准第4.4节中的调整系数。

2 验算桩身截面抗弯强度时,材料强度可采用标准值。

3 验算高桩承台基础的桩顶截面抗弯强度时,其抗弯强度可提高至1.2倍。

7.4.4 根据本标准第6.6节计算的桥墩盖梁和连续刚构桥梁体的弯矩设计值、剪力设计值和永久作用效应组合后,应按现行行业标准《公路钢筋混凝土及预应力混凝土桥涵设计规范》JTG 3362验算正截面抗弯强度和斜截面抗剪强度。

7.4.5 板式橡胶支座的抗震验算应符合下列要求:

1 支座厚度验算

$$\sum t \geq \frac{X_B}{\tan \gamma} = X_B \quad (7.4.5\text{-}1)$$

$$X_B = \min(X_{CP}, X_E) \quad (7.4.5\text{-}2)$$

$$X_E = X_D + X_H + 0.5 X_T \quad (7.4.5\text{-}3)$$

式中:$\sum t$ ——橡胶层的总厚度(mm);

$\tan \gamma$ ——橡胶剪切角正切值,取 $\tan \gamma = 1.0$;

X_B ——板式橡胶支座厚度的下限,按式(7.4.5-2)计算;

X_{CP} ——按能力保护构件计算的支座水平位移(mm),按本标准第6.6.5条计算;

X_E ——E2地震作用产生的支座水平位移、永久位移以及均匀温度作用效应组合后的橡胶支座水平位移,按式(7.4.5-3)计算;

X_D ——E2地震作用产生的支座水平位移(mm);

X_H ——永久作用产生的支座水平位移(mm);

X_T ——均匀温度作用产生的支座水平位移(mm)。

2 支座抗滑稳定性验算：

$$\mu_d R_b \geqslant E_B \quad (7.4.5\text{-}4)$$

$$E_B = \min(E_{CP}, E_{hzh}) \quad (7.4.5\text{-}5)$$

$$E_{hzh} = E_{hze} + E_{hzd} + 0.5 E_{hzT} \quad (7.4.5\text{-}6)$$

式中：μ_d ——板式橡胶支座的动摩阻系数，橡胶支座与混凝土表面的动摩阻系数采用 0.25，与钢板的动摩阻系数采用 0.20；

E_B ——板式橡胶支座承受的水平力，按式(7.4.5-5)计算；

E_{CP} ——按能力保护构件计算的支座水平力(kN)，按本标准第 6.6.5 条计算；

E_{hzh} ——E2 地震作用下支座水平地震力、永久作用效应及均匀温度作用效应组合后得到的支座水平力设计值，按式(7.4.5-6)计算；

E_{hze} ——E2 地震作用产生的支座水平力(kN)；

E_{hzd} ——永久作用产生的支座水平力(kN)；

E_{hzT} ——均匀温度作用产生的支座水平力(kN)；

R_b ——支座竖向压力(kN)。

7.4.6 盆式支座和球型支座的抗震验算应符合下列要求：

1 活动支座

$$X_E \leqslant X_{\max} \quad (7.4.6\text{-}1)$$

$$X_E = X_D + X_H + 0.5 X_T \quad (7.4.6\text{-}2)$$

式中：X_E ——E2 地震作用下支座水平位移、永久位移及均匀温度作用效应组合后的支座水平位移，按式(7.4.6-2)计算；

X_D ——E2 地震作用产生的支座水平位移(mm);

X_H ——永久作用产生的支座水平位移(mm);

X_T ——均匀温度作用产生的支座水平位移(mm)。

X_{max} ——活动支座的容许水平位移(mm)。

2 固定支座

$$E_{BP} \leqslant E_{max} \quad (7.4.6\text{-}4)$$

$$E_{BP} = \min(E_{CP}, E_{hzh}) \quad (7.4.6\text{-}5)$$

$$E_{hzh} = E_{hze} + E_{hzd} + 0.5 E_{hzT} \quad (7.4.6\text{-}6)$$

式中:E_{BP} ——盆式支座和球型固定支座承受的水平力,按式(7.4.6-5)计算;

E_{CP} ——按能力保护构件计算的支座水平力(kN),按本标准第 6.6.5 条计算;

E_{hzh} ——E2 地震作用下支座水平地震力、永久作用效应及均匀温度作用效应组合后得到的支座水平力设计值,按式(7.4.6-6)计算;

E_{hze} ——E2 地震作用产生的支座水平力(kN);

E_{hzd} ——永久作用产生的支座水平力(kN);

E_{hzT} ——均匀温度作用产生的支座水平力(kN);

E_{max} ——固定支座的容许水平力(kN)。

8 抗震构造细节设计

8.1 一般规定

8.1.1 本章适用于采用延性抗震设计的常规桥梁的构造细节设计。

8.2 墩柱结构构造

8.2.1 墩柱塑性铰区域内加密箍筋的配置应符合下列要求：

1 加密区的长度不应小于等效塑性铰长度 L_p、弯曲方向截面尺寸的 1.5 倍及墩柱上弯矩超过最大弯矩 75% 的范围。

2 加密箍筋的最大间距不应大于 100 mm 或 $6d_{bl}$ 或 $b/4$（d_{bl} 为纵筋的直径，b 为墩柱弯曲方向的截面边长）。

3 现浇墩柱加密区箍筋肢距不宜大于 300 mm；截面宽度内采用拉结筋时，至少一端应采用 135°弯钩，弯钩伸入核心混凝土内的长度应大于 $6d_{h1}$（d_{h1} 为箍筋直径），且不小于 100 mm。

4 螺旋式箍筋的接头应采用焊接，矩形箍筋应有 135°弯钩，并应伸入核心混凝土之内 $6d_{h1}$ 以上，且不小于 100 mm。

5 箍筋的直径不应小于 12 mm。

6 塑性铰加密区域配置的箍筋应延续到盖梁和承台内。延伸到盖梁或承台的最小距离不应小于墩柱长边尺寸的 1/2，且不应小于 500 mm。

8.2.2 圆形、矩形墩柱塑性铰区域内加密箍筋的最小含箍率 ρ_{smin}，应按式（8.2.2-1）和式（8.2.2-2）计算。

1 圆形截面

$$\rho_{smin} = [0.14\eta_k + 5.84(\eta_k - 0.1)(\rho_t - 0.01) +$$
$$0.028]\frac{f_{ck}}{f_{kh}} \geqslant 0.005 \qquad (8.2.2\text{-}1)$$

2 矩形截面

$$\rho_{smin} = [0.1\eta_k + 4.17(\eta_k - 0.1)(\rho_t - 0.01) +$$
$$0.02]\frac{f_{ck}}{f_{kh}} \geqslant 0.005 \qquad (8.2.2\text{-}2)$$

式中：ρ_{smin} ——对于矩形截面为截面计算方向的配箍率，对于圆形截面为截面螺旋箍筋的体积配箍率；

η_k ——轴压比，指结构的最不利组合轴向压力与柱的全截面面积和混凝土轴心抗压强度设计值乘积之比值；

ρ_t ——纵向配筋率；

f_{kh} ——箍筋抗拉强度标准值(MPa)；

f_{ck} ——混凝土抗压强度标准值(MPa)。

8.2.3 塑性铰区域外的箍筋形式应与塑性铰区域内的箍筋形式相同。墩柱塑性铰加密区以外区域的箍筋量应逐渐减少，但箍筋的配箍率不应少于塑性铰区域配箍率的50%。

8.2.4 墩柱的纵向钢筋宜对称配置，纵向钢筋之间的距离不宜超过200 mm，纵向钢筋的面积不宜小于$0.006A_g$，且不应超过$0.04A_g$（A_g为墩柱截面面积）。

8.2.5 空心截面墩柱塑性铰区域内加密箍筋的配置，除满足对实体桥墩的要求外，还应配置内外两层环形箍筋或矩形箍筋，在内外两层环形箍筋之间应配置足够的拉筋（图8.2.5-1）。圆端型截面墩柱塑性铰区域内加密箍筋的配置，宜采用2个或以上的螺旋箍或环形箍（图8.2.5-2），并满足下列要求：

1 交叉箍筋应设置纵向钢筋及拉结钢筋，拉结钢筋间距可以为箍筋的2倍。

2 交叉螺旋箍或环形箍中心距不应大于 0.75 倍圆环直径。

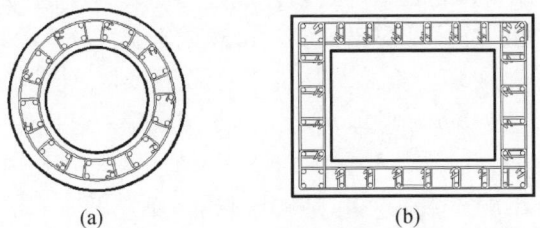

图 8.2.5-1 常用空心截面类型

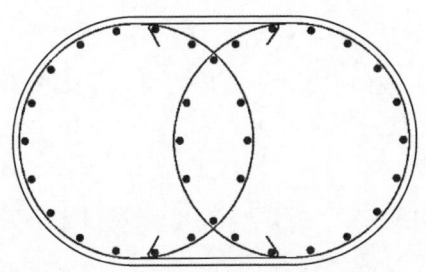

图 8.2.5-2 圆端型截面类型

8.2.6 墩柱的纵向钢筋应满足下列要求：

1 墩柱的纵筋宜延伸至盖梁顶面和承台底面，纵筋的锚固和搭接长度应在现行行业标准《公路钢筋混凝土及预应力混凝土桥涵设计规范》JTG 3362 要求的基础上增加 $10d_{bl}$（d_{bl} 为纵筋的直径）。

2 现浇墩柱不应在塑性铰区域进行纵筋的连接。

3 桥墩伸入盖梁和承台的束筋应增加锚固长度。对于由 2 根钢筋组成的束筋，应增加 20% 的锚固长度；对于由 3 根钢筋组成的束筋，应增加 50% 的锚固长度；4 根及 4 根以上钢筋组成的束筋不得在延性构件中使用。

4 塑性铰区域外纵向钢筋连接时，区域内连接受力钢筋的截面面积占总截面面积的百分数应满足现行行业标准《公路钢筋混凝土及预应力混凝土桥涵设计规范》JTG 3362 的要求,相邻两根纵向钢筋的连接处应错开 600 mm 以上。

8.2.7 单箱或多箱空心墩柱的潜在塑性铰区,矩形墩柱在计算方向的内箱尺寸 b 和壁厚 h 之比 b/h 或圆形墩柱内箱直径 $D_内$ 和壁厚 h 之比 $D_内/h$ 不宜大于 8。在地震作用下轴压比小于 0.2 时,最小配箍率 ρ_{smin} 可适当降低,但不应低于 0.3%,并应加强构造设计,确保纵向钢筋不发生屈服。

8.3 节点构造

8.3.1 节点的主拉应力和主压应力可按下列公式计算:

1 ├型节点

$$\sigma_c, \sigma_t = \frac{f_v + f_h}{2} \pm \sqrt{\left(\frac{f_v - f_h}{2}\right)^2 + v_{jh}^2} \quad (8.3.1\text{-}1)$$

$$v_{jh} = v_{jv} = \frac{V_{jv}}{b_{je}h_b} \times 10^{-3} \quad (8.3.1\text{-}2)$$

$$V_{jv} = T_c^b + C_c^t \quad (8.3.1\text{-}3)$$

$$f_v = \frac{P_c^b + P_c^t}{2b_c h_c} \times 10^{-3} \quad (8.3.1\text{-}4)$$

$$f_h = \frac{P_b}{b_{je}h_b} \times 10^{-3} \quad (8.3.1\text{-}5)$$

式中:σ_c, σ_t——节点的名义主压应力和名义主拉应力(MPa);

v_{jh}——节点的水平方向名义剪应力(MPa);

v_{jv}——节点的竖直方向名义剪应力(MPa);

V_{jv}——节点的名义剪力(kN),见图 8.3.1-1;

T_c^b——考虑超强系数 ϕ^0($\phi^0=1.2$)的混凝土墩柱纵筋

拉力(kN),见图 8.3.1-1;

C_c^t ——考虑超强系数 ϕ^0 ($\phi^0=1.2$) 的混凝土墩柱受压区压应力的合力(kN),见图 8.3.1-1;

f_v, f_h ——节点沿竖直方向和水平方向的正应力(MPa);

b_{je}, h_b ——分别为横梁横截面的宽度和高度(m);

b_c, h_c ——分别为立柱横截面的宽度和高度(m);

P_c^t, P_c^b ——分别为上、下立柱的轴力(kN);

P_b ——横梁的轴力(kN)(包括预应力产生的轴力)。

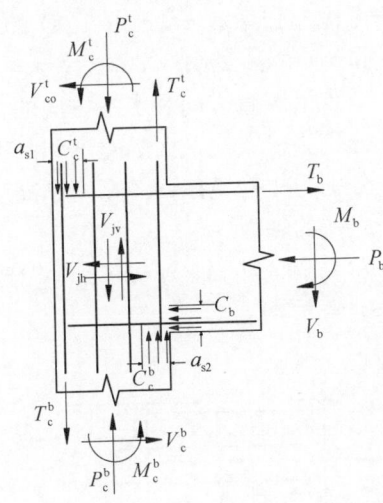

图 8.3.1-1　├型节点受力图

2　T型节点

$$\sigma_c, \sigma_t = \frac{f_v + f_h}{2} \pm \sqrt{\left(\frac{f_v - f_h}{2}\right)^2 + v_{jh}^2} \quad (8.3.1-6)$$

$$v_{jh} = v_{jv} = \frac{V_{jv}}{b_{je} h_b} \times 10^{-3} \quad (8.3.1-7)$$

$$V_{jv} = T_c \quad (8.3.1-8)$$

$$f_v = \frac{P_c}{b_c h_c} \times 10^{-3} \qquad (8.3.1\text{-}9)$$

$$f_h = \frac{P_b^l + P_b^r}{2b_{je} h_b} \times 10^{-3} \qquad (8.3.1\text{-}10)$$

式中：σ_c，σ_t——节点的名义主压应力和名义主拉应力(MPa)；

v_{jh}——节点的水平方向名义剪应力(MPa)；

v_{jv}——节点的竖直方向名义剪应力(MPa)；

V_{jv}——节点的名义剪力(kN)，见图 8.3.1-2；

T_c——考虑超强系数 φ^0（$\varphi^0 = 1.2$）的混凝土墩柱纵筋拉力(kN)，见图 8.3.1-2；

f_v，f_h——节点沿竖直方向和水平方向的正应力(MPa)；

b_{je}，h_b——分别为横梁横截面的宽度和高度(m)；

b_c，h_c——分别为立柱横截面的宽度和高度(m)；

P_c——立柱的轴力(kN)；

P_b^l，P_b^r——左右横梁的轴力(kN)（包括预应力产生的轴力）。

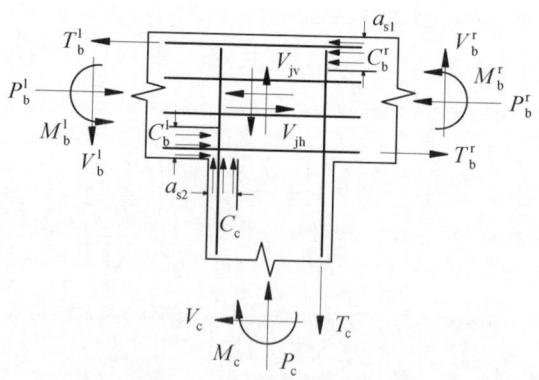

图 8.3.1-2 T型节点受力图

8.3.2 节点的名义主压应力不应超过 $0.38f_{cd}$(MPa),名义主拉应力不应超过 $1.23\sqrt{f_{cd}}$(MPa)。其中,f_{cd} 为混凝土抗压强度设计值。

8.3.3 伸入节点的立柱最小配箍率应满足下列公式要求:

$$\rho_{smin} = \rho_x + \rho_y = \frac{0.3\sqrt{f_{cd}}}{f_{yh}}, \sigma_t \leqslant 0.36\sqrt{f_{cd}}$$
(8.3.3-1)

$$\rho_{smin} = \frac{0.4A_{st}}{l_{ac}^2}, \sigma_t > 0.36\sqrt{f_{cd}}$$
(8.3.3-2)

式中:σ_t——节点的名义主拉应力;

A_{st}——立柱伸入节点中的纵筋面积;

l_{ac}——立柱伸入节点中的纵筋长度。

8.3.4 对于盖梁和墩柱节点,当主拉应力 $\sigma_t > 0.36\sqrt{f_{cd}}$ (MPa)时,若盖梁高度为1.0倍~1.25倍的墩柱横向宽度,宜按下列要求进行节点的水平和竖向箍筋配置(图8.3.4):

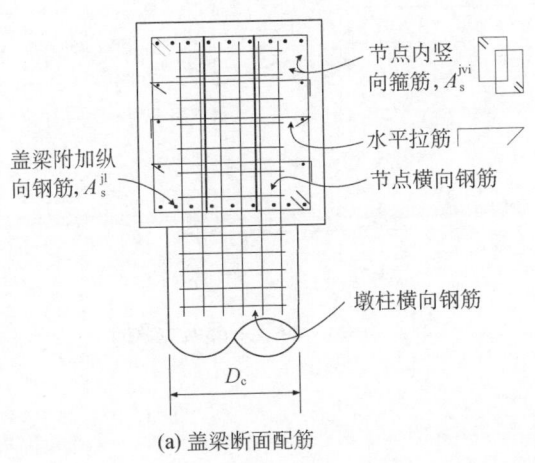

(a)盖梁断面配筋

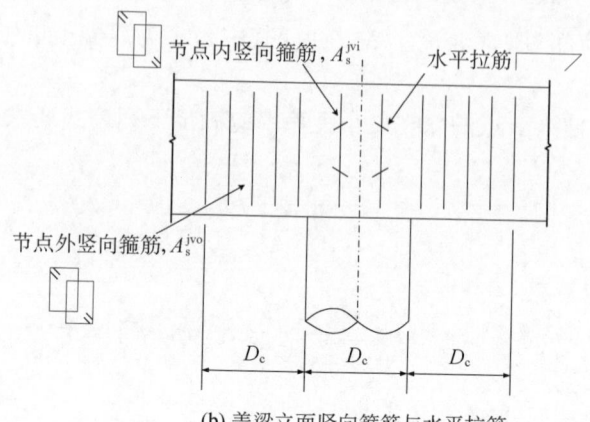

(b) 盖梁立面竖向箍筋与水平拉筋

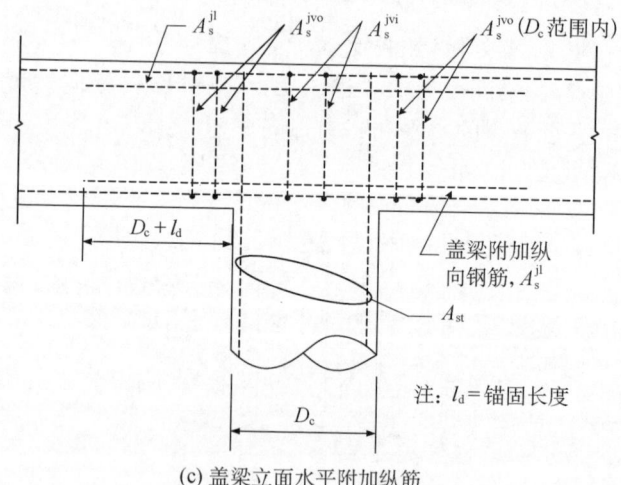

(c) 盖梁立面水平附加纵筋

图 8.3.4　T 型节点配筋示意图

1 盖梁两侧 D_c 范围内增设竖向箍筋 A_s^{jvo}，单侧面积不小于 $0.175A_{st}$。

2 节点区域内 D_c 范围内的竖向箍筋 A_s^{jvi}，面积不小于 $0.135A_{st}$。

3 盖梁上、下增设附加纵筋 A_s^{jl}，面积不小于 $0.245A_{st}$。

4 节点区域内设水平拉筋，可间隔布置，直径不小于 12 mm。

9 预制拼装桥墩抗震设计

9.1 一般规定

9.1.1 本章适用于采用灌浆套筒、灌浆波纹管、承插式、插槽式和超高性能混凝土(UHPC)连接的预制拼装桥墩。

9.1.2 采用其他新型连接构造的预制拼装桥墩应根据试验研究成果确定。

9.1.3 采用延性抗震设计的预制拼装桥墩,除满足本章的要求外,还应满足本标准第8章的构造要求,其墩身抗剪、盖梁和基础应采用能力保护设计,在地震作用下不发生损伤。

9.2 预制拼装桥墩抗震构造设计

9.2.1 灌浆套筒连接应满足下列规定:

1 预制拼装桥墩的主筋伸入套筒内的长度不应小于 $10d_{bl}$ (d_{bl} 为纵筋的直径)。墩柱的纵筋宜延伸至盖梁顶面和承台底面,盖梁和承台内的套筒外露钢筋长度不应小于 $20d_{bl}$。当盖梁或承台内的套筒净保护层厚度小于 150 mm 时,墩柱的纵筋应延伸至盖梁顶面和承台底面,且纵筋的锚固和搭接长度应在现行行业标准《公路钢筋混凝土及预应力混凝土桥涵设计规范》JTG 3362 要求的基础上增加 $10d_{bl}$。

2 灌浆套筒位于墩身潜在塑性铰区域内时,应使用全灌浆套筒,箍筋加密区长度不应小于套筒高度加 $5d$ (d 为套筒外径)。

3 灌浆套筒位于盖梁或承台内时,墩柱箍筋延伸至盖梁或承台内的距离不应小于套筒的高度。

4 套筒上端第一个箍筋距离套筒顶部不应大于50 mm,且应在套筒压浆口下缘处设一道箍筋,在套筒高度范围内,墩柱箍筋的混凝土保护层厚度不应小于20 mm,箍筋与套筒的连接应采用绑扎,不应采用焊接。

9.2.2 灌浆金属波纹管连接应满足下列规定:

1 波纹管间的净距不应小于50 mm且不应小于波纹管直径的1倍,波纹管净保护层厚度不宜小于150 mm。

2 波纹管位于承台内时,墩柱主筋伸入波纹管内的长度不应小于$30d_{bl}$(d_{bl}为预制墩身纵筋直径),且不得拼接。

3 波纹管位于盖梁内时,墩柱主筋伸入波纹管内的长度不应小于$24d_{bl}$(d_{bl}为预制墩身纵筋直径),同时不应小于盖梁高度的一半,且不得拼接。

4 墩柱箍筋延伸至盖梁或承台内的距离不应小于波纹管的高度,且箍筋与波纹管的连接应采用绑扎,不应采用焊接。

9.2.3 灌浆套筒(波纹管)连接采用埋入式拼接缝时,承台顶面凹槽深度不宜小于100 mm,凹槽周围承台内应合理布置构造钢筋。

9.2.4 预制墩柱与承台采用承插式连接时,墩柱插入深度不应小于0.7倍的墩身直径或截面长边尺寸,且不应小于$45d_{bl}$(d_{bl}为预制墩身纵筋直径),界面应设置剪力键,预留孔洞周围应设置必要的箍筋。

9.2.5 预制墩柱与盖梁采用插槽式连接时,应满足下列规定:

1 预制墩柱伸入孔洞高度50 mm~100 mm,墩身纵筋进入盖梁的锚固长度不小于$40d_{bl}$(d_{bl}为预制墩身纵筋直径)。

2 盖梁预留孔洞尺寸不小于墩身对应尺寸加100 mm,盖梁预留孔洞周围应设置必要的螺旋箍筋或采用壁厚不小于3 mm的金属波纹管成孔。

9.2.6 超高性能混凝土(UHPC)连接,包括等截面尺寸连接和扩大头连接。连接段应满足下列规定:

1 连接段应采用能力保护设计,在地震下不损伤。

2 UHPC抗压强度等级不应低于UC 140,抗拉强度等级不应低于UTⅢ。

3 纵筋直径不大于32 mm,且纵筋在UHPC中的最小保护层厚度应大于等于钢筋直径。

4 纵筋在UHPC中的搭接长度应大于等于15倍的钢筋直径。

5 配箍率应满足本标准第8章塑性铰区域最小配箍率的要求。

9.2.7 主筋采用HRB500及以上的钢筋或连接构造不满足本节要求的预制拼装桥墩,应根据试验研究成果确定。

9.3 预制拼装桥墩抗震分析和验算

9.3.1 预制拼装桥墩在满足本标准第9.2节构造要求的前提下,可参照现浇混凝土桥墩进行抗震分析和抗震验算。

9.3.2 墩柱塑性铰区域的最大容许转角,可参照本标准第7.3.5条计算,但应按下列要求进行调整:

1 灌浆套筒位于墩柱潜在塑性铰区域时,最大容许转角应除以1.25,如采用埋入式拼接缝,等效塑性铰长度计算公式(7.3.5-2)中悬臂柱的高度或塑性铰截面到反弯点的距离H_p取值应扣除套筒高度,可不再考虑折减系数。

2 灌浆套筒或灌浆波纹管位于承台或盖梁内时,最大容许转角应除以1.1,但采用埋入式拼接缝的,可不再考虑折减系数。

3 采用超高性能混凝土(UHPC)连接时,等效塑性铰长度计算公式(7.3.5-2)中悬臂柱的高度或塑性铰截面到反弯点的距离H_p取值应扣除连接段高度。

10 桥梁减隔震设计

10.1 一般规定

10.1.1 存在下列条件之一者,不宜采用减隔震设计:
 1 基础土层不稳定。
 2 结构的固有周期较长。
 3 减隔震支座中出现负反力。

10.1.2 桥梁减隔震设计应满足下列要求:
 1 正常使用状态时,桥梁减隔震支座应具有足够的刚度和屈服强度。
 2 主梁与墩台之间、主梁与挡块之间应设置满足减隔震支座位移的间隙。

10.1.3 桥梁的其他抗震措施不应影响桥梁的正常运营及减隔震装置的正常使用。

10.1.4 采用减隔震设计的桥梁,设计文件中应对减隔震装置的技术性能、检验检测、施工安装和使用维护等提出明确要求。

10.2 减隔震装置

10.2.1 减隔震装置应构造简单、性能可靠,并具有良好的耐久性和环境适应性。

10.2.2 减隔震装置可分为整体型和分离型两类。两类减隔震装置水平位移从 0.5 倍的设计位移增加到设计位移时,其水平力增量不宜低于其上部结构重量的 0.0125 倍。

10.2.3 常用的整体型减隔震装置有下列几种：

1 铅芯橡胶支座。

2 高阻尼橡胶支座。

3 摩擦摆式减隔震支座。

10.2.4 常用的分离型减隔震装置有下列几种：

1 橡胶支座＋金属阻尼器。

2 橡胶支座＋摩擦阻尼器。

3 橡胶支座＋粘滞阻尼器。

10.2.5 减隔震装置的选型、连接构造和设计参数的确定，应考虑温度变化、施工误差和运营期间基础沉降变形等因素对减隔震装置性能发挥的影响。

10.2.6 减隔震装置中剪力销的设计剪断力应满足正常使用功能的要求，剪力销剪断力实测值的偏差应在产品设计值的±10％之内。

10.2.7 减隔震装置与下部结构或上部结构之间的预埋件和连接件，应按减隔震装置位移达到极限位移前其连接件不发生破坏的要求进行设计，极限位移不小于1.2倍计算位移。

10.2.8 同一生产厂家、同一类型的产品，应至少提供1份地震动作用下减隔震装置性能验证的振动台试验报告。

10.2.9 减隔震装置产品检验分为型式检验、出厂检验和现场检验。

1 减隔震装置的型式检验应由经认证具有资质的第三方检测机构完成，型式检验应按相关的产品标准完成所有的检测项目，检测报告中应提供反映减隔震装置滞回耗能特性的全部力学参数。

2 减隔震装置的出厂检验可由产品生产厂家自行完成，出厂检验应按相关的产品标准进行检测，并附产品质量合格证明文件，确认合格后方可出厂。

3 减隔震装置的现场检验应由经认证具有资质的第三方检

测机构完成。抽检数量为:同一生产厂家、同一类型的产品,取总数量的5%或3件。减隔震装置主要力学参数的检测结果应满足表10.2.9-1～表10.2.9-5的要求。

表10.2.9-1　铅芯橡胶支座的主要力学参数

屈服力	实测值偏差应在产品设计值的±15%之内
最大剪应变	实测值不小于350%
屈后刚度	实测值偏差应在产品设计值的±15%之内

表10.2.9-2　高阻尼橡胶支座的主要力学参数

屈服力	实测值偏差应在产品设计值的±15%之内
最大剪应变	实测值不应小于350%
初始水平刚度	实测值偏差应在产品设计值的±15%之内
屈后刚度	实测值偏差应在产品设计值的±15%之内

表10.2.9-3　摩擦摆式减隔震支座的主要力学参数

剪断力	实测值偏差应在产品设计值的±10%之内
位移能力	不小于1.2倍计算位移
屈后刚度	实测值偏差应在产品设计值的±15%之内

表10.2.9-4　钢阻尼器主要力学参数

屈服力	实测值偏差应在产品设计值的±15%之内
位移能力	不小于1.2倍计算位移(对应20次循环加载不破坏)
屈前刚度	实测值偏差应在产品设计值的±15%之内
屈后刚度	实测值偏差应在产品设计值的±15%之内

表10.2.9-5　粘滞阻尼器的主要力学参数

速度指数	实测值偏差应在产品设计值的±15%之内
最大阻尼力	实测值偏差应在产品设计值的±15%之内
位移能力	不小于1.2倍计算位移

10.3 减隔震桥梁地震反应分析

10.3.1 减隔震桥梁地震反应计算应采用非线性时程分析法进行。

10.3.2 减隔震装置计算模型应考虑其力学参数的变化范围,对减隔震桥梁进行不利参数下的抗震分析和验算。

10.3.3 减隔震桥梁的计算模型应正确反映减隔震装置的力学特性,橡胶类减隔震支座尚应考虑温度范围5℃~30℃对设计参数取值的影响,并进行不利温度条件下的抗震分析和验算。

10.3.4 弹塑性减隔震支座、耗能装置和摩擦类减隔震支座的恢复力模型可采用双线性模型,并应符合下列规定:

1 铅芯橡胶支座的恢复力模型见图10.3.4-1,其中各符号含义为:

D_d——铅芯橡胶支座的设计位移(m);

Δ_y——铅芯橡胶支座的屈服位移(m);

Q_d——铅芯橡胶支座的特征强度(kN);

K_u——初始弹性刚度;

K_d——铅芯橡胶支座的屈后刚度(kN/m)。

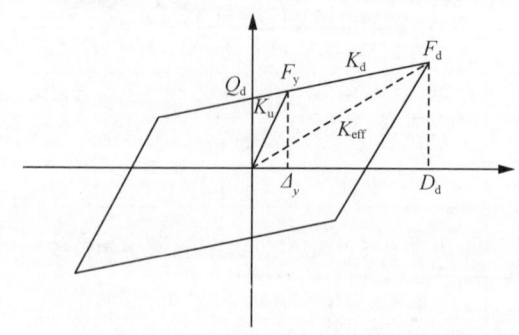

图10.3.4-1 铅芯橡胶支座的恢复力模型

2 摩擦摆式减隔震支座的恢复力模型见图 10.3.4-2,屈后刚度为

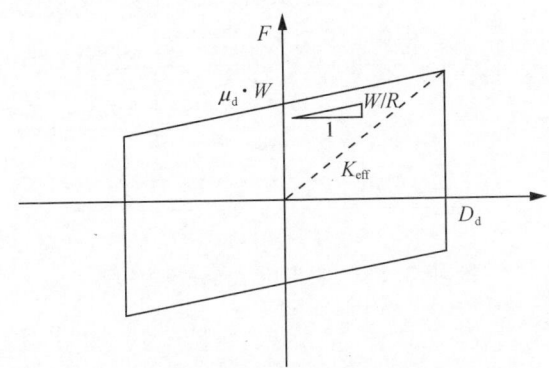

图 10.3.4-2 摩擦摆式减隔震支座的恢复力模型

$$K_d = \frac{W}{R} \quad (10.3.4-1)$$

式中：W——恒载作用下支座竖向反力(kN)；

R——滑动曲面的曲率半径(m)；

D_d——支座设计水平位移(m)；

μ_d——滑动摩擦系数，摩擦系数应考虑随速度变化的影响，根据相关试验数据确定，如无试验数据，可取 0.03。

3 粘性材料阻尼器的恢复力模型见图 10.3.4-3。

$$F = C|V|^\alpha \text{sign}(V) \quad (10.3.4-2)$$

式中：C——阻尼系数；

V——速度；

α——速度指数；

sign——符号函数,返回一个数的正负号。

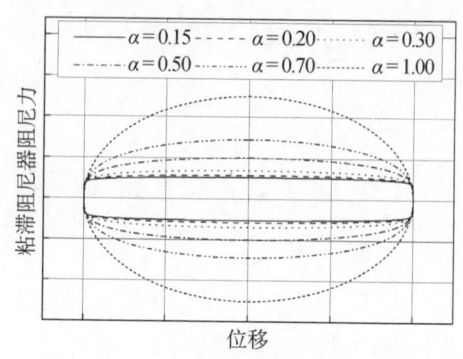

图 10.3.4-3 粘滞阻尼器恢复力模型

10.4 减隔震桥梁抗震验算

10.4.1 E1 地震作用下,减隔震桥梁的伸缩缝应保持正常功能,并按本标准第 7.2.3 条要求进行伸缩缝位移的验算。

10.4.2 E2 地震作用下,桥墩、桥台和基础可发生局部轻微损伤,但仍处于基本弹性状态,震后无需修复或经简单修复即可继续使用。

10.4.3 纵桥向和横桥向采用 E2 地震作用效应和永久作用效应组合后,桥墩、桥台和基础应按现行行业标准《公路钢筋混凝土及预应力混凝土桥涵设计规范》JTG 3362 和《公路桥涵地基与基础设计规范》JTG 3363 进行抗震验算,可采用材料强度标准值。

10.4.4 E2 地震作用下,减隔震桥梁应避免伸缩缝处相邻结构的碰撞,并按本标准第 7.3.11 条要求进行伸缩缝处梁间距的验算。

10.4.5 减隔震装置的验算应符合下列要求:

1 橡胶类减隔震支座,E2 地震作用下产生的剪切应变应小于 250%。

2 橡胶类减隔震支座,E2 地震作用下有效承压面积应符合下列规定:

$$A_{\text{eff}} \geqslant \frac{R_s}{\sigma_s} \qquad (10.4.5\text{-}1)$$

$$\sigma_s = 2.0[\sigma] \qquad (10.4.5\text{-}2)$$

式中:R_s——E2 地震作用与恒载作用组合后的竖向反力;
$[\sigma]$——橡胶支座的容许压应力,按相关行业标准取值;
A_{eff}——支座的有效承压面积,可按支座在发生设计水平位移 D_d 的情况下,支座顶面和底面在平面上投影的重叠面积计算(图 10.4.5)。

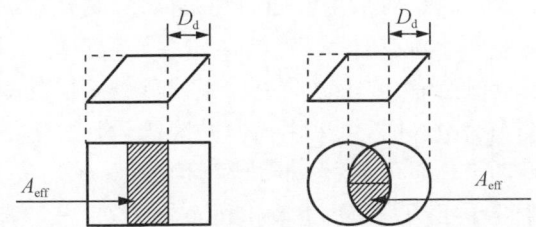

图 10.4.5 剪切变形后橡胶类减隔震支座有效承压面积

3 非橡胶类减隔震装置应满足本标准的规定,并根据具体的产品标准和相关性能参数进行验算。

4 减隔震支座应进行轴压力验算,E2 地震作用效应和永久作用效应组合后不应出现拉力。

11 大跨度桥梁抗震设计

11.1 一般规定

11.1.1 大跨度桥梁包括斜拉桥、悬索桥、单跨跨径超过 150 m 的梁桥和拱桥。

11.1.2 大跨度桥梁宜采用对称的结构形式,上、下部结构之间的连接构造宜均匀对称。

11.1.3 大跨度桥梁应采用合理的约束体系,斜拉桥纵向宜优先考虑漂浮体系和半漂浮体系;当漂浮体系导致梁端位移过大时,宜采用塔-梁弹性约束或阻尼约束体系;当墩梁、塔梁横向固定约束导致地震内力过大时,可采用横向减隔震设计。上海大跨度桥梁各种典型约束体系可参考本标准附录 C。

11.1.4 主要承重结构(墩、塔及拱桥主拱等)宜选择有利于提高延性变形能力的结构形式及材料,桥塔地震弯矩较大部位宜参考本标准第 8.2 节的要求加强箍筋配置。

11.2 建模与分析原则

11.2.1 大跨度桥梁的地震反应分析应采用时程分析法,并要求线性时程分析结果和多振型反应谱分析结果相互校核,相差不宜超过 20%。

11.2.2 反应谱分析应满足下列要求:

 1 当墩、塔、锚碇及拱桥基础建在不同地质条件上时,可采用包络反应谱计算。

 2 当进行多振型反应谱法分析时,振型阶数在计算方向给出的有效振型参与质量不应低于该方向结构总质量的90%,振型组合应采用CQC法。

11.2.3 时程分析应采用7组及以上加速度时程进行计算,取其结果的平均值作为最终结果。

11.2.4 地震反应分析所采用的地震加速度时程、反应谱的频谱含量应包括结构第一阶自振周期在内的长周期成分。

11.2.5 地震反应分析时,采用的计算模型应真实模拟桥梁结构的刚度、质量分布及边界连接条件,并满足下列要求:

 1 计算模型应考虑相邻引桥对主桥地震反应的影响。

 2 墩、塔、拱肋及拱上立柱可采用空间梁单元模拟;主梁应视截面形式选用合理的计算模型;斜拉桥拉索、拱桥吊索和系杆、悬索桥主缆和吊索可采用空间桁架单元。

 3 应考虑恒载作用下几何刚度和拉索垂度效应的弹性模量修正等几何非线性影响。

 4 进行非线性时程分析时,支承连接条件应采用能反映支座力学特性的单元模拟;当结构进入非线性工作状态时,则应选用适当的弹塑性单元进行模拟。

 5 E1地震作用下,墩柱截面抗弯刚度应采用全截面刚度;E2地震作用下,墩柱截面抗弯刚度可采用开裂刚度,开裂刚度可取0.8倍的全截面刚度;当边墩进入塑性工作状态时,则应选用适当的弹塑性单元进行模拟。

11.2.6 当采用桩基础时,应考虑桩-土-结构相互作用对桥梁地震作用效应的影响。

11.2.7 一般情况下,阻尼比可按下列规定确定:

 1 混凝土梁桥和混凝土拱桥的阻尼比取0.05。

 2 钢拱桥的阻尼比取0.03。

 3 斜拉桥的阻尼比取0.03。

 4 悬索桥的阻尼比取0.02。

11.2.8 当桥梁连续长度大于 600 m 时,宜考虑行波效应,地震动水平视波速应通过对工程场地地震环境的评价确定;当无可靠依据时,可取大于 1 000 m/s 并对结构反应最不利的视波速。

11.2.9 当桥址场地存在地质不连续或不同的地形地貌特征时,宜考虑地震动的空间变化性。

11.2.10 大跨度桥梁的抗震分析,应考虑冲刷、液化等影响因素确定计算工况,并进行多工况抗震分析和抗震验算。

11.2.11 应根据具体的桥梁结构形式对各种减隔震装置进行参数分析,以确定减隔震装置的合理选型、布置形式及力学参数。

11.3 性能要求与抗震验算

11.3.1 E1 地震作用下,结构应基本不发生损伤,保持在弹性范围内。

11.3.2 E2 地震作用下,主缆、斜拉索、吊索应不发生损伤,主塔、主拱、拱桥桥墩、基础及主梁等重要受力构件可发生局部轻微损伤,震后无需修复或经简单修复可继续使用;斜拉桥和悬索桥的过渡墩和辅助墩、拱桥拱上立柱等桥梁结构中比较容易修复的构件可按延性构件设计,但应控制损伤程度,以保证震后可快速修复。

11.3.3 E1 地震作用下,桥梁伸缩缝应保持正常功能,需按本标准第 7.2.3 条要求进行伸缩缝位移验算;E2 地震作用下,应避免主、引桥结构发生碰撞,需按本标准第 7.3.11 条要求进行主、引桥结构的间距验算,并加强相邻引桥的防落梁措施。

11.3.4 大跨度桥梁的引桥,可按本标准常规桥梁部分进行抗震验算和抗震构造细节设计。

12 抗震措施

12.0.1 桥梁抗震措施的采用不应改变设防地震下桥梁主要构件的地震反应,否则在进行抗震分析时应考虑抗震措施的影响。

12.0.2 过渡墩及桥台处的支座垫石不宜高于 100 mm,且纵桥向宜与墩、台最外边缘平齐。

12.0.3 桥梁梁端至墩、台帽或盖梁边缘应有一定的距离(见图 12.0.3),其最小值 a (mm)按下式计算:

$$a \geqslant 700 + 5L + 6.5H \quad (12.0.3)$$

式中:H——桥墩的高度(m);

L——所在墩相邻跨跨径的较大值(m)。

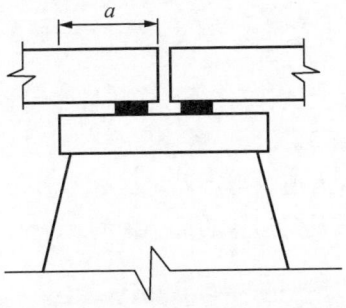

图 12.0.3 梁端至墩、台帽或盖梁边缘的最小距离 a

12.0.4 当满足式(12.0.4-1)的条件时,斜桥梁(板)端至墩、台帽或盖梁边缘的最小距离 a (图 12.0.4)应按式(12.0.4-2)和式(12.0.3)计算,取最大值。当不满足式(12.0.4-1)的条件时,斜桥梁(板)端至墩、台帽或盖梁边缘的最小距离 a 应按式(12.0.3)计算。

$$\frac{\sin 2\theta}{2} \geqslant \frac{b_d}{L} \quad (12.0.4\text{-}1)$$

$$a \geqslant 500L[\sin\theta - \sin(\theta - \alpha_E)] \quad (12.0.4\text{-}2)$$

式中：L——一联上部结构总长度(m)；
$\quad b_d$——上部结构总宽度(m)；
$\quad \theta$——斜交角(°)；
$\quad \alpha_E$——极限脱落转角(°)，一般取 5°。

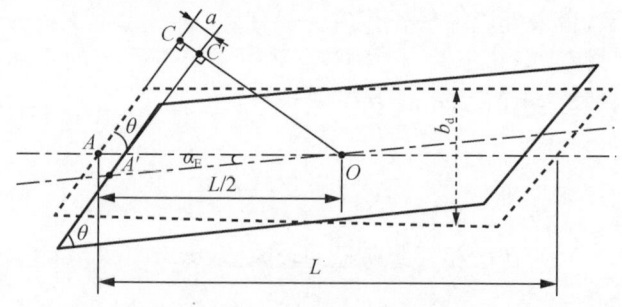

图 12.0.4　斜交桥最小边缘距离

12.0.5　当满足式(12.0.5-1)的条件时，曲线桥梁端至墩、台帽或盖梁边缘的最小距离 a（见图 12.0.5）应按式(12.0.5-2)和式(12.0.3)计算，取大值。当不满足式(12.0.5-1)的条件时，曲线桥梁端至墩、台帽或盖梁边缘的最小距离 a 应按式(12.0.3)计算。

$$\frac{115}{\varphi} \cdot \frac{1-\cos\varphi}{1+\cos\varphi} > \frac{b_d}{L} \quad (12.0.5\text{-}1)$$

$$a \geqslant \delta_E \frac{\sin\varphi}{\cos(\varphi/2)} + 300 \quad (12.0.5\text{-}2)$$

$$\delta_E = 5\varphi + 700 \quad (12.0.5\text{-}3)$$

式中：δ_E——上部结构端部向外侧的移动量(mm)；
$\quad L$——一联上部结构总长度(m)；

b_d——上部结构总宽度(m);
φ——曲线梁的中心角(°)。

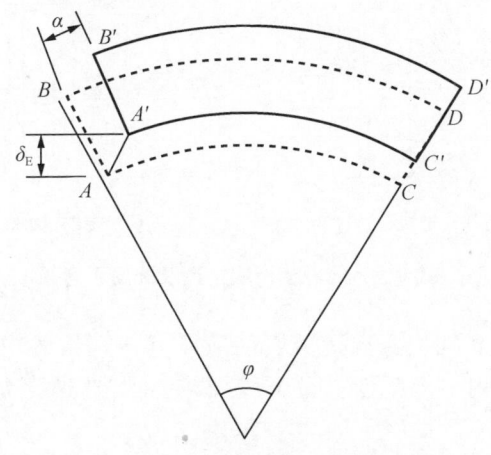

图 12.0.5 曲线桥最小边缘距离

12.0.6 梁与梁之间、梁与桥台胸墙之间应加装橡胶垫或其他弹性衬垫。其构造示意见图 12.0.6-1、图 12.0.6-2。

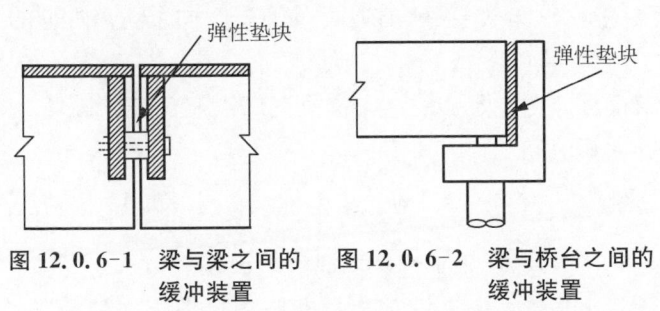

图 12.0.6-1 梁与梁之间的缓冲装置　　图 12.0.6-2 梁与桥台之间的缓冲装置

12.0.7 典型的混凝土挡块可按滑移式挡块或整体式挡块进行设计,见图 12.0.7。

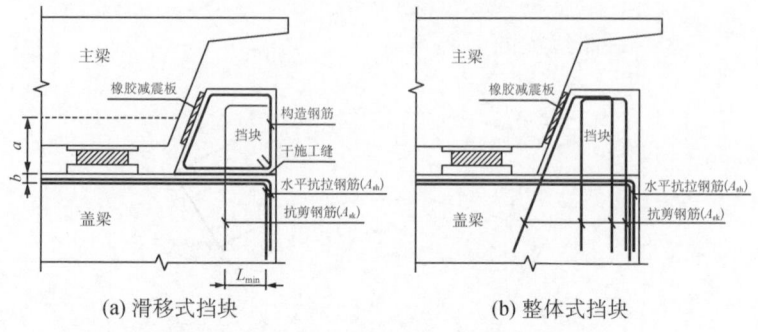

图 12.0.7 混凝土挡块构造及配筋示意图

1 滑移式挡块竖向抗剪钢筋应设置在挡块的中间位置,沿纵向排成一列,并满足锚固长度要求。其抗剪能力应按下式验算:

$$F_{sk} = 1.8 A_{sk} f_{sk} \quad (12.0.7-1)$$

式中:F_{sk}——挡块的抗剪能力(N);
f_{sk}——抗剪钢筋的抗拉强度标准值(MPa);
A_{sk}——穿过接触剪切平面的竖向抗剪钢筋的面积(mm^2)。

盖梁顶应配置足够的纵向抗拉钢筋以避免盖梁破坏,水平抗拉钢筋面积应满足下式要求:

$$A_{sh} \geqslant 2.0 A_{sk} \quad (12.0.7-2)$$

式中:A_{sh}——盖梁水平抗拉钢筋的面积(mm^2)。

盖梁水平抗拉钢筋端部至挡块竖向抗剪钢筋的最小长度应满足下列公式要求:

$$L_{min} \geqslant 0.6 \times (a-b) + l_{dh} \quad (12.0.7-3)$$

$$l_{dh} = 0.23 d_{sk} f_{sk} / \sqrt{f_{ck}} \quad (12.0.7-4)$$

式中：a ——上部结构在挡块上的作用点至盖梁顶面的竖向距离（mm）；

b ——盖梁顶面至最下层水平拉筋中心的竖向距离（mm）；

l_{dh} ——带弯钩端钢筋的锚固长度（mm）；

d_{sk} ——水平抗拉钢筋的公称直径（mm）；

f_{ck} ——混凝土抗压强度标准值（MPa）。

2 整体式挡块抗剪能力应按下列公式验算：

$$F_{sk} = 1.4 A_{sk} f_{sk} + 2.8 A_{cv} \quad (12.0.7\text{-}5)$$

$$F_{sk} \leqslant \min \begin{cases} 0.26 f_{ck} A_{cv} \\ 10.3 A_{cv} \end{cases} \quad (12.0.7\text{-}6)$$

式中：A_{cv} ——挡块剪切面的混凝土面积（mm²）；

f_{ck} ——取剪切面混凝土强度较低一侧的抗压强度值（MPa）。

盖梁顶应配置足够的纵向抗拉钢筋以避免盖梁破坏，水平抗拉钢筋面积应满足下式要求：

$$A_{sh} \geqslant \max \begin{cases} 2.0 A_{sk} \\ F_{sk}/f_{sk} \end{cases} \quad (12.0.7\text{-}7)$$

12.0.8 挡块布置位置应满足下列要求：

1 对采用减隔震设计的桥梁，宜采用滑移式挡块，挡块与梁体的间隙应大于减隔震支座设计位移的 1.2 倍，挡块与盖梁可分次浇筑成型。

2 对非减隔震桥梁，宜采用整体式挡块，挡块应靠近梁体，挡块与盖梁宜同时浇筑成型。

附录 A 地面加速度时程曲线

A.0.1 本附录针对抗震设防分类为乙类的桥梁,分别给出了Ⅲ、Ⅳ类场地的 E1、E2 地震地面运动加速度时程,见图 A.0.1-1～图 A.0.1-8,地震动时程下载链接:https://bridge.tongji.edu.cn/c6/2f/c14943a312879/page.htm。其中,Ⅲ、Ⅳ类场地的 E1 地震峰值加速度分别为 $0.079g$、$0.076g$,抗震设防类别为乙类的桥梁可直接使用,抗震设防类别为丙、丁类的桥梁可根据各自的地震调整系数进行修正后使用;E2 地震峰值加速度为 $0.22g$,抗震设防类别为乙、丙类的桥梁都可直接使用。

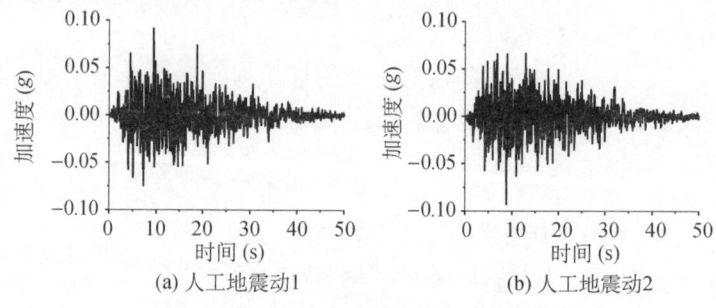

图 A.0.1-1 Ⅲ类场地 E1 人工地震动

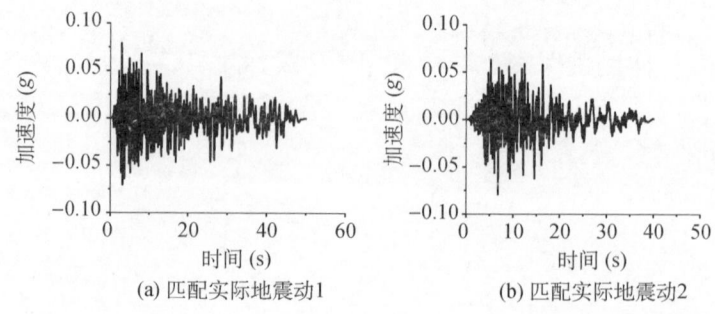

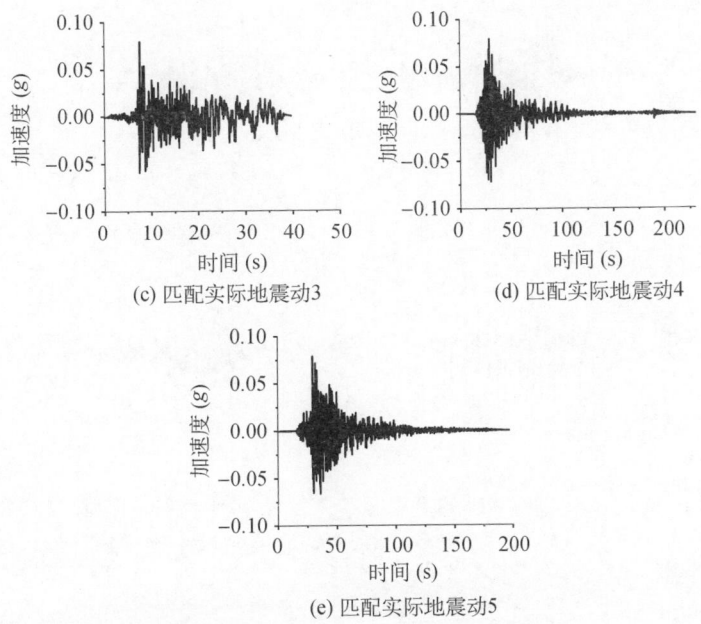

图 A.0.1-2 Ⅲ类场地 E1 匹配实际地震动

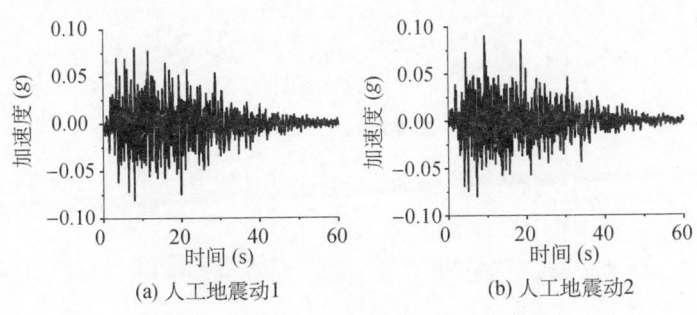

图 A.0.1-3 Ⅳ类场地 E1 人工地震动

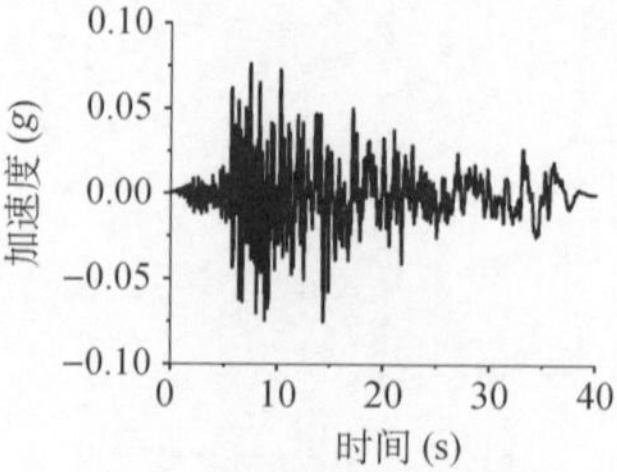

(a) 匹配实际地震动1

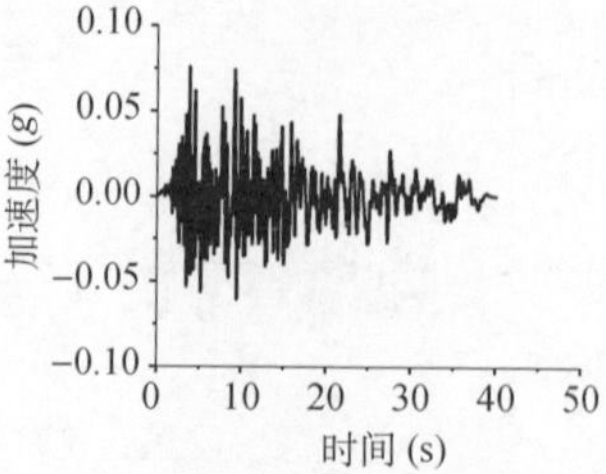

(b) 匹配实际地震动2

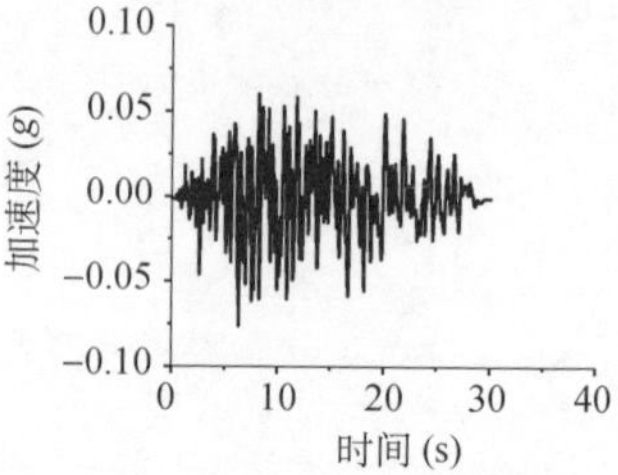

(c) 匹配实际地震动3

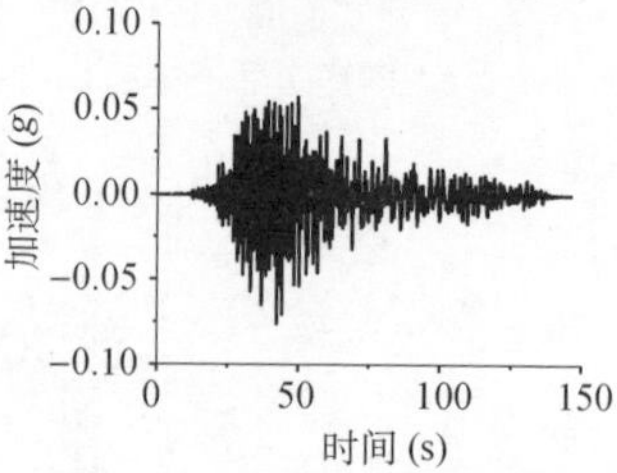

(d) 匹配实际地震动4

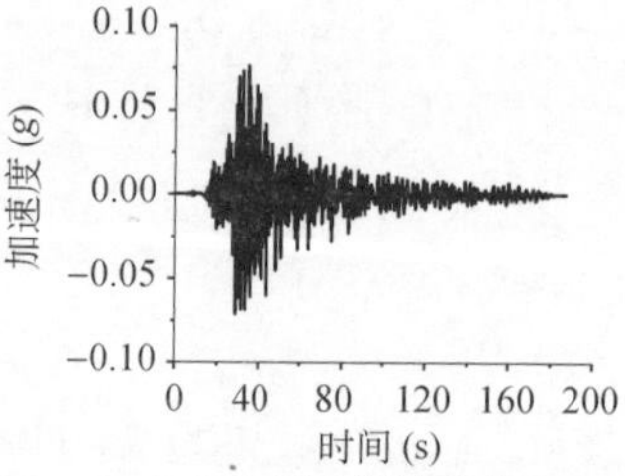

(e) 匹配实际地震动5

图 A.0.1-4 Ⅳ类场地 E1 匹配实际地震动

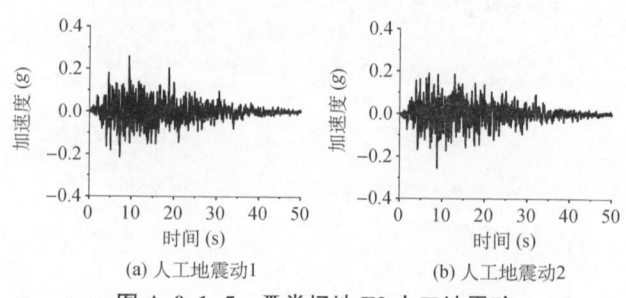

(a) 人工地震动1

(b) 人工地震动2

图 A.0.1-5 Ⅲ类场地 E2 人工地震动

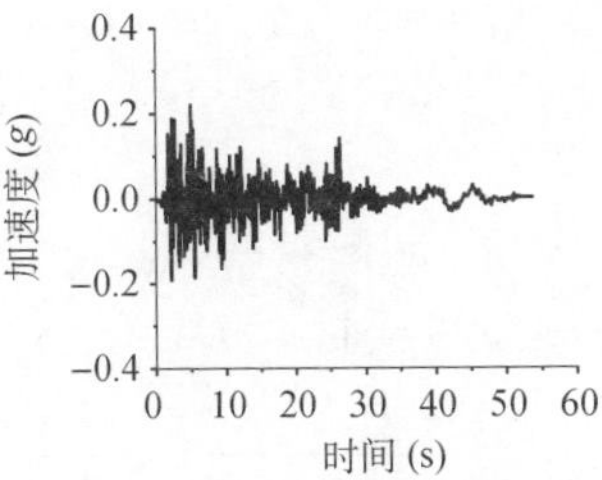

(a) 匹配实际地震动1

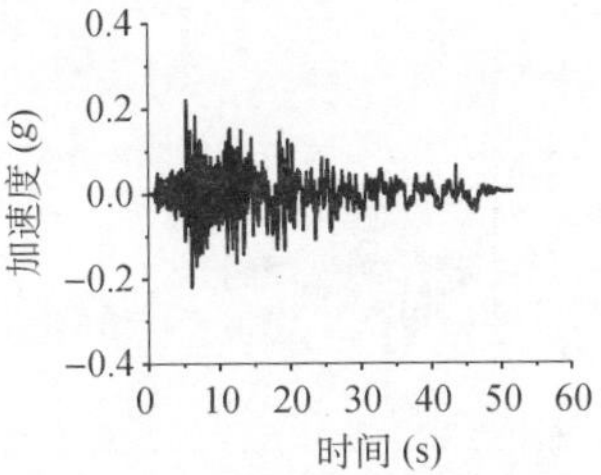

(b) 匹配实际地震动2

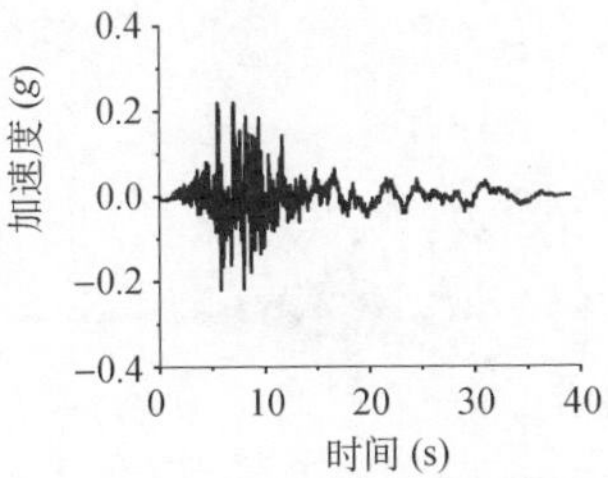

(c) 匹配实际地震动3

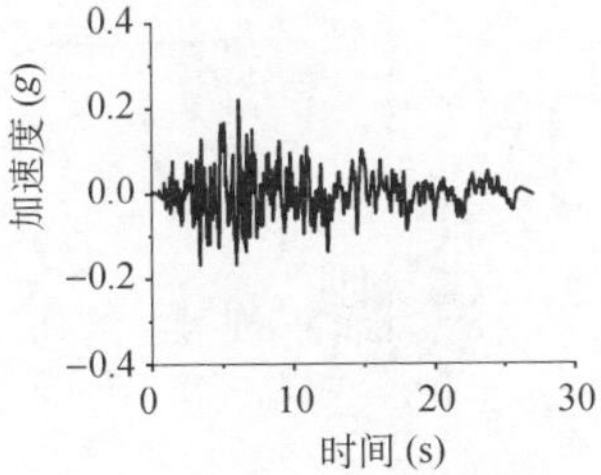

(d) 匹配实际地震动4

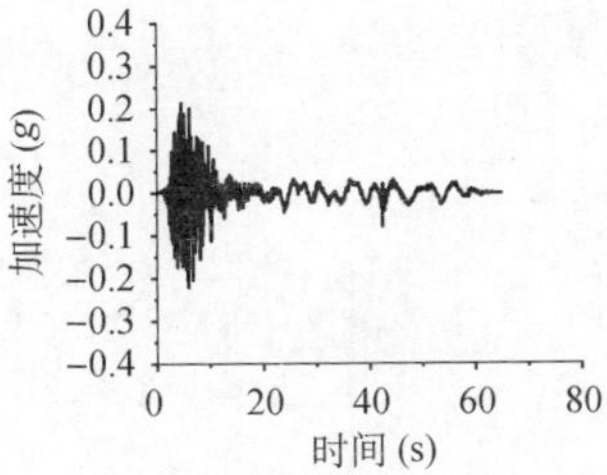

(e) 匹配实际地震动5

图 A.0.1-6 Ⅲ类场地 E2 匹配实际地震动

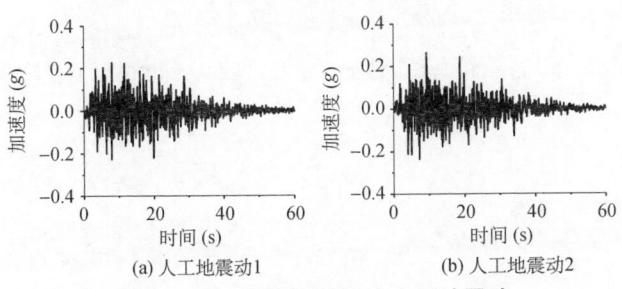

(a) 人工地震动1

(b) 人工地震动2

图 A.0.1-7 Ⅳ类场地 E2 人工地震动

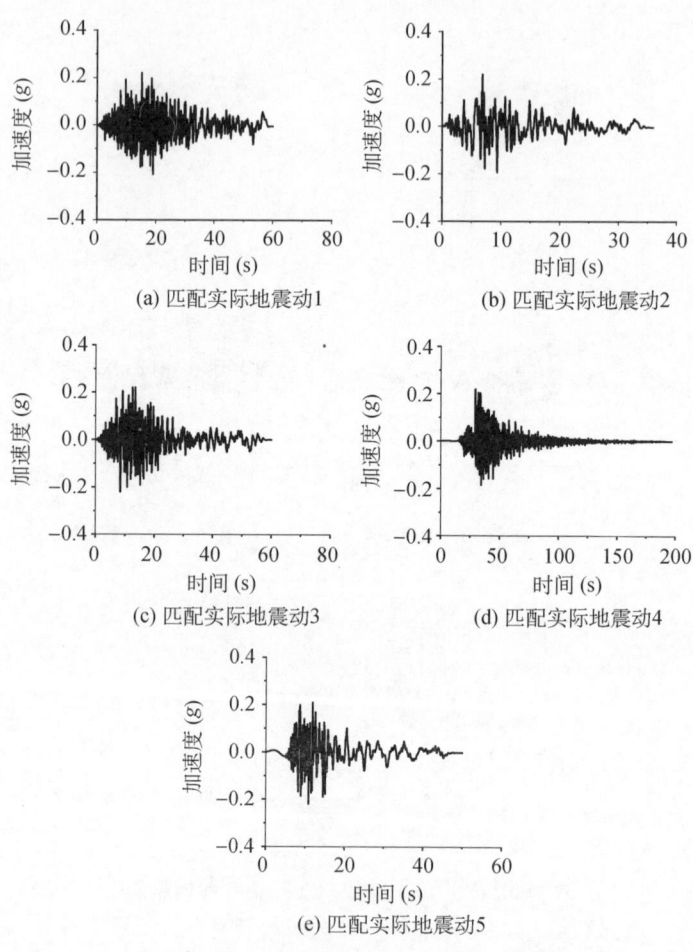

图 A.0.1-8 Ⅳ类场地 E2 匹配实际地震动

附录 B 上海典型高架桥梁抗震体系

B.1 一般规定

B.1.1 本附录针对上海典型高架桥,采用本标准的地震动参数,给出了抗震体系的确定方法与过程。当相关参数与本附录典型桥梁不一致时,可参照本附录的相关方法和过程确定其合理的抗震体系。

B.1.2 桥梁基本抗震体系包括延性抗震体系和减隔震体系,本附录根据各典型桥梁的地震响应特点以及两种体系对结构不同的性能要求进行结构抗震体系的选择:

1 延性抗震体系要求塑性铰仅发生在墩柱上,上、下部结构连接和基础的水平抗力应高于墩柱的水平抗力,同时还应避免墩柱发生抗剪脆性破坏,即能力保护设计所要求的"弱墩柱、强基础、强连接、强剪切"。

2 减隔震体系则要求墩柱、基础等在地震作用下基本保持弹性,减隔震装置应满足变形要求,即"弱连接、强结构"。

3 相比延性抗震体系,减隔震体系没有墩柱与基础的水平抗力对比要求,当墩高较高时,易满足基础水平承载力高于墩柱,宜采用延性抗震体系;当墩高较矮时,难以形成塑性铰,宜采用减隔震体系。

B.2 30 m 小箱梁桥(六车道主线)

B.2.1 六车道主线桥的横断面见图 B.2.1,单跨上部结构一、二期恒载总重 14 000 kN,盖梁总重约 2 500 kN,下部结构为双柱框架墩,立柱高度为 $H \leqslant 25$ m,基础采用 16 根直径 800 mm 的钻孔灌注桩,承台厚度为 2 m。

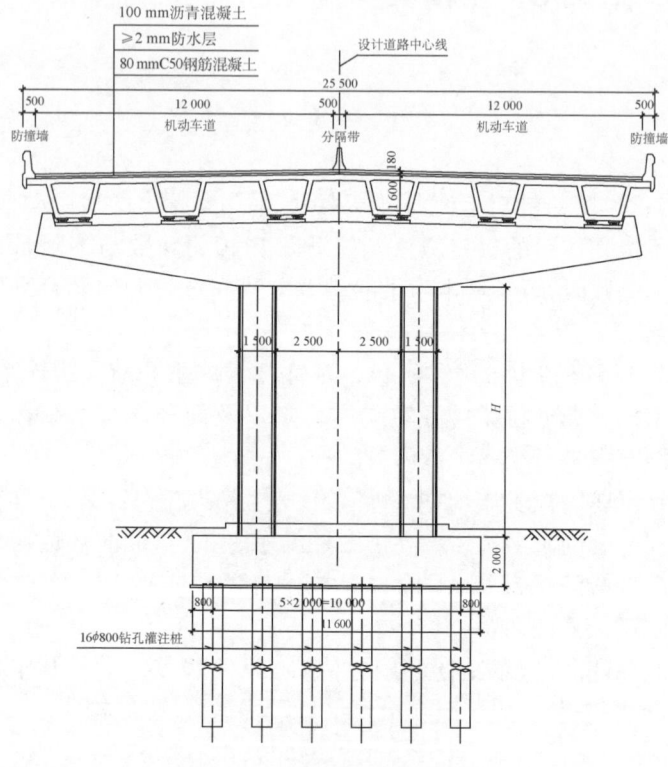

图 B.2.1 典型横断面(mm)

B.2.2 抗震概念设计

1 结构体系:根据本标准第 3.5.5 条,采用结构简支桥面连续体系。

2 桥墩:根据本标准第 3.5.10 条和第 3.5.11 条,并兼顾静力作用工况,初步确定两种不同立柱高度的立柱截面尺寸为 2.0 m×1.5 m 和 2.3 m×1.7 m。桥墩采用预制拼装,其截面配筋方案见图 B.2.2-1。

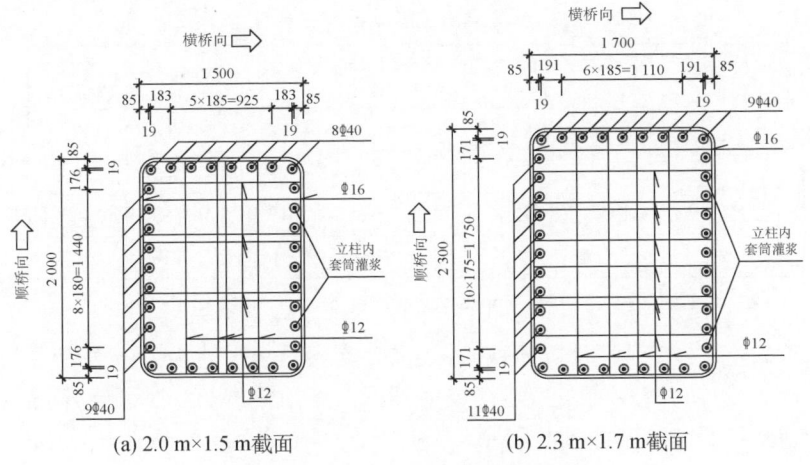

(a) 2.0 m×1.5 m 截面　　(b) 2.3 m×1.7 m 截面

图 B.2.2-1　墩柱截面与配筋(mm)

3 基础：根据本标准第 3.5.14 条，并兼顾静力作用工况，确定基础布置见图 B.2.2-2。此外，单桩桩顶配筋率分别考虑 2.0%、1.6% 和 1.2% 三个水平。

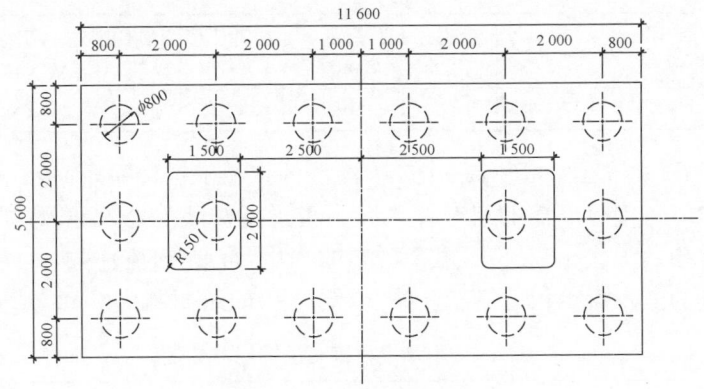

图 B.2.2-2　基础布置图(mm)

B.2.3 针对六车道主线小箱梁桥的不同立柱高度，宜选用的抗震体系及主要设计参数见表 B.2.3。

表 B.2.3 小箱梁桥抗震体系与主要设计参数

立柱高度（m）	抗震体系	墩柱截面 纵×横(m)	墩柱配筋	单桩配筋率
0～10	减隔震/拟减隔震	2×1.5	图 B.2.2-1(a)	1.2%
10～15	延性	2×1.5	图 B.2.2-1(a)	2.0%
	减隔震/拟减隔震	2.3×1.7	图 B.2.2-1(b)	1.6%
15～25	延性	2.3×1.7	图 B.2.2-1(b)	2.0%

注：单桩配筋率为直径 800 mm 的钻孔灌注桩，桩顶 10 m 桩长范围内的配筋。

B.2.4 对于延性抗震体系，板式橡胶支座的水平地震力应按能力保护设计，并按本标准第 7.4.5 条要求进行抗震验算。如果支座抗剪或抗滑验算不能满足要求，应设置受力挡块承担水平地震力，按本标准第 12.0.7 条的要求进行挡块的设计和验算。

B.2.5 小箱梁桥减隔震设计可采用铅芯橡胶支座，对应上海Ⅲ类和Ⅳ类场地类别，E2 地震作用下，减隔震体系铅芯橡胶支座的变形需求分别为 80 mm 和 100 mm，支座规格及主要技术参数见表 B.2.5。

表 B.2.5 小箱梁桥铅芯橡胶支座规格参数

规格	承载力（kN）	设计位移（mm）	铅芯屈服力（kN）	屈前刚度（kN/m）	屈后刚度（kN/m）
J4Q300×420×137G1.0	1 000	50	67	7 400	1 100

B.2.6 小箱梁桥还可采用较为经济的拟减隔震体系，即板式橡胶支座＋钢阻尼器的组合体系。小箱梁桥钢阻尼器规格及主要技术参数见表 B.2.6，规格 $N(h,b,t)$ 中，N 为钢板片数，h,b,t 分别为三角形钢板的高、宽、厚，单位均为 mm，材料为 Q420qD。

表 B.2.6 小箱梁桥钢阻尼器规格参数

场地类型	规格 $N(h,b,t)$（mm）	屈服力（kN）	设计位移（mm）	屈前刚度（kN/m）	屈后刚度（kN/m）
Ⅲ	3(300,450,20)	149	100	13 667	845
Ⅳ	6(300,450,20)	298	100	27 334	1 690

B.3　30 m小箱梁桥(两车道匝道)

B.3.1　两车道匝道桥的横断面见图 B.3.1,单跨上部结构一、二期恒载总重5 200 kN,盖梁总重约750 kN,下部结构为独柱墩,立柱高度为 $H \leqslant 12$ m,基础采用5根直径800 mm的钻孔灌注桩,承台高度为2 m。

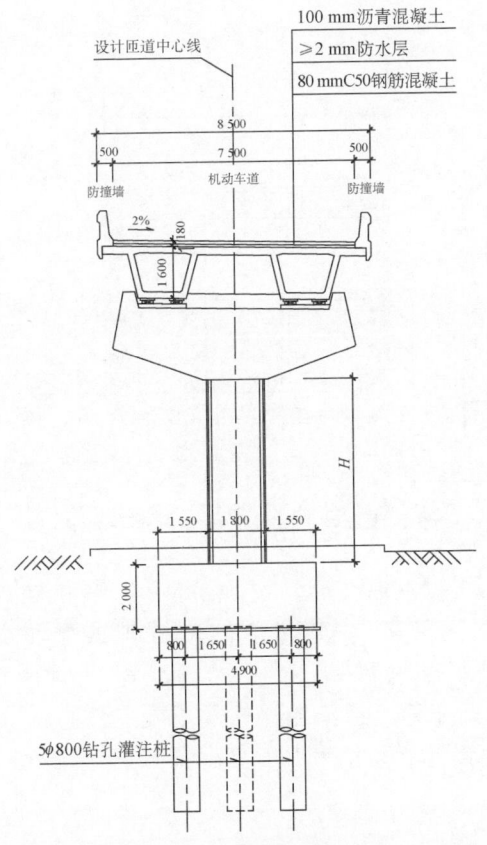

图 B.3.1　典型横断面(mm)

B.3.2 抗震概念设计

1 结构体系:根据本标准第3.5.5条,采用结构简支桥面连续体系。

2 桥墩:根据本标准第3.5.10条和第3.5.11条,并兼顾静力作用工况,确定立柱截面尺寸为1.5 m×1.8 m。桥墩采用预制拼装,其截面配筋方案见图B.3.2-1。

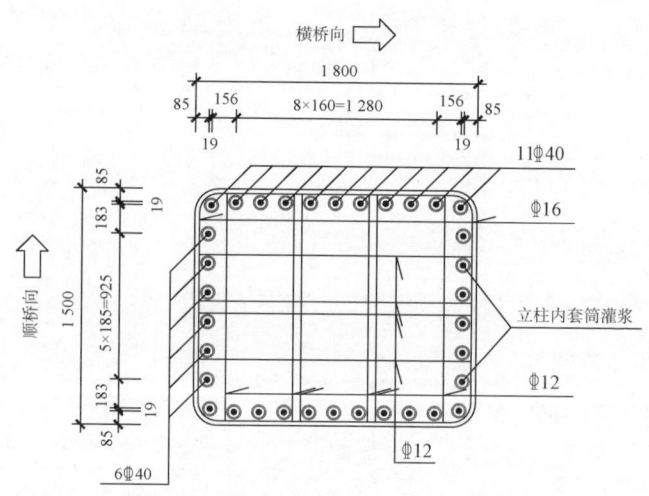

图 B.3.2-1 墩柱截面与配筋(mm)

3 基础:根据本标准第3.5.14条,并兼顾静力作用工况,确定基础布置见图B.3.2-2。此外,单桩桩顶配筋率分别考虑2.0%和1.2%两个水平。

B.3.3 针对两车道匝道小箱梁桥的不同立柱高度,宜采用的抗震体系及主要设计参数见表B.3.3。

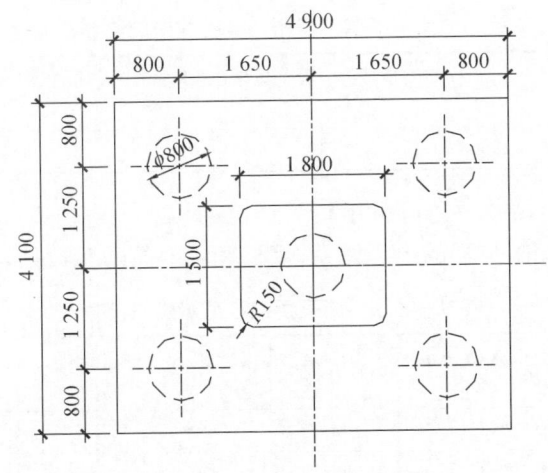

图 B.3.2-2 基础布置图(mm)

表 B.3.3 小箱梁桥抗震体系与主要设计参数

立柱高度 (m)	抗震体系	墩柱截面 纵×横(m)	墩柱配筋	单桩配筋率
0～8	减隔震/拟减隔震	1.5×1.8	图 B.3.2-1	1.2%
8～12	延性	1.5×1.8	图 B.3.2-1	2.0%
	减隔震/拟减隔震	1.5×1.8	图 B.3.2-1	1.2%

注：单桩配筋率为直径 800 mm 的钻孔灌注桩，上部 10 m 桩长范围内的配筋。

B.3.4 对于延性抗震体系，板式橡胶支座的水平地震力应按能力保护设计，并按本标准第 7.4.5 条要求进行抗震验算。如果支座抗剪或抗滑验算不能满足要求，应设置受力挡块承担水平地震力，按本标准第 12.0.7 条的要求进行挡块的设计和验算。

B.3.5 小箱梁桥减隔震设计可采用铅芯橡胶支座，对应上海Ⅲ类和Ⅳ类场地类别，E2 地震作用下，减隔震体系铅芯橡胶支座的变形需求分别为 80 mm 和 100 mm，支座规格及主要技术参数见表 B.3.5。

表 B.3.5 小箱梁桥铅芯橡胶支座规格参数

规格	承载力（kN）	设计位移（mm）	铅芯屈服力（kN）	屈前刚度（kN/m）	屈后刚度（kN/m）
J4Q350×520×125G1.0	1 500	50	96	11 900	1 800

B.3.6 小箱梁桥还可采用较为经济的拟减隔震体系，即板式橡胶支座＋钢阻尼器的组合体系，规格和主要技术参数见表 B.3.6。

表 B.3.6 小箱梁桥钢阻尼器规格参数

场地类型	规格 $N(h,b,t)$（mm）	屈服力(kN)	设计位移（mm）	屈前刚度（kN/m）	屈后刚度（kN/m）
Ⅲ	3(300,450,20)	149	100	13 667	845
Ⅳ	3(300,450,20)	149	100	13 667	845

附录 C 上海大跨度桥梁典型约束体系

C.0.1 大跨度桥梁应采用合理的约束体系。本附录包含的上海大跨度桥梁包括斜拉桥、悬索桥、拱桥和连续梁桥。

C.0.2 斜拉桥按结构体系分类有漂浮体系、半漂浮体系、塔墩梁固结体系及塔梁固结塔墩分离体系。常见的双塔斜拉桥、独塔斜拉桥典型约束体系如下：

1 双塔斜拉桥一般采用漂浮体系、半漂浮体系。桥塔纵桥向宜设置粘滞阻尼器等减隔震装置；桥塔横桥向宜设置横向支座或其他限位装置，边墩宜设置减隔震支座或其他限位装置。典型约束体系示意见图 C.0.2-1。

2 独塔斜拉桥除采用漂浮体系、半漂浮体系外，还可采用塔墩梁固结体系及塔梁固结塔墩分离体系。

3 漂浮体系、半漂浮体系独塔斜拉桥的约束体系类似于双塔斜拉桥。典型约束体系示意见图 C.0.2-2。

4 塔墩梁固结体系独塔斜拉桥地震内力相对较大，边墩宜设置减隔震支座或其他限位装置。典型约束体系示意见图 C.0.2-3。

5 塔梁固结塔墩分离体系独塔斜拉桥上部结构自重较大，宜采用减隔震支座体系，主墩设置纵桥向固定约束，主墩、边墩及辅助墩均设置单侧横向固定约束。典型约束体系示意见图 C.0.2-4。

C.0.3 悬索桥按主缆锚固形式可分为地锚式悬索桥和自锚式悬索桥。常见的地锚式悬索桥和自锚式悬索桥典型约束体系如下：

1 以三跨连续体系地锚式悬索桥为例，桥塔纵桥向宜布置粘滞阻尼器等减隔震装置；桥塔横桥向宜设置横向支座或其他限位装置，边墩宜设置减隔震支座或其他限位装置。典型约束体系示意见图 C.0.3-1。

2 三跨连续自锚式悬索桥典型约束体系示意见图C.0.3-2,独塔自锚式悬索桥典型约束体系可参照独塔斜拉桥执行。

C.0.4 常见的中承式拱桥典型约束体系如下,下承式拱桥典型约束体系可参照梁桥执行:

1 拱脚固结体系拱桥应设置系杆以平衡拱脚的恒载水平推力,中跨系梁宜在拱梁结合处断开并设置纵向粘滞阻尼器,边墩设置单侧横向固定减隔震支座。典型约束体系示意见图C.0.4-1。

2 拱脚设置支座体系拱桥上部结构自重较大,宜采用减隔震支座体系,一处中墩设置纵桥向固定约束,另一处中墩及边墩均设置单侧横向固定约束。典型约束体系示意见图C.0.4-2。

C.0.5 大跨度连续梁桥上部结构自重较大,宜采用减隔震支座体系,一处中墩设置纵桥向固定约束,另一处中墩及边墩均设置单侧横向固定约束。典型约束体系示意见图C.0.5。

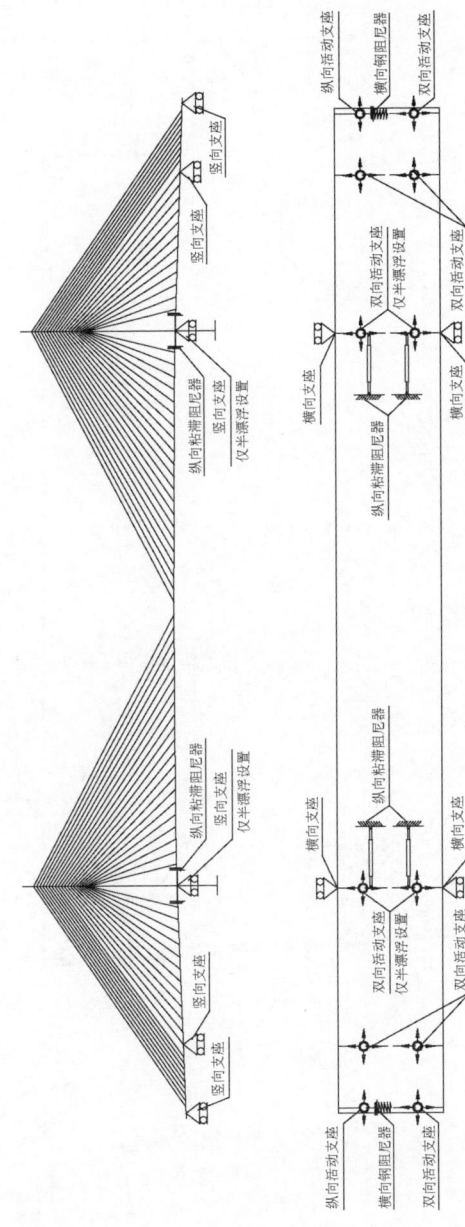

图 C.0.2-1 双塔斜拉桥漂浮体系、半漂浮体系典型约束示意

— 107 —

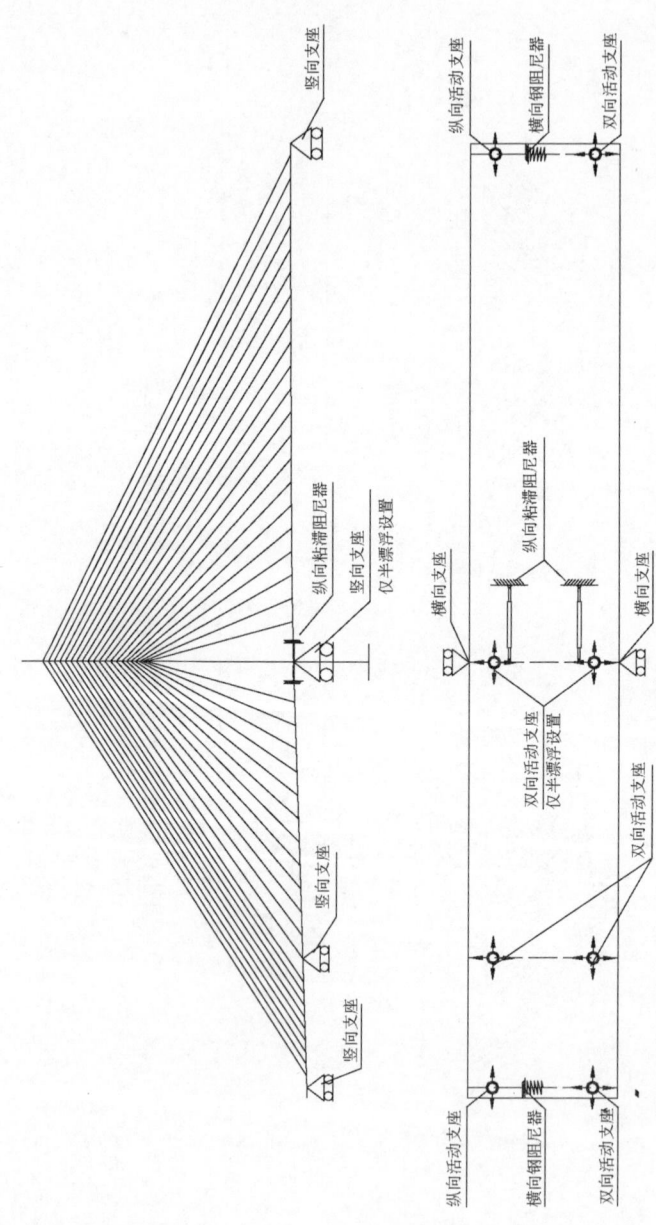

图 C.0.2-2 独塔斜拉桥漂浮体系、半漂浮体系典型约束示意

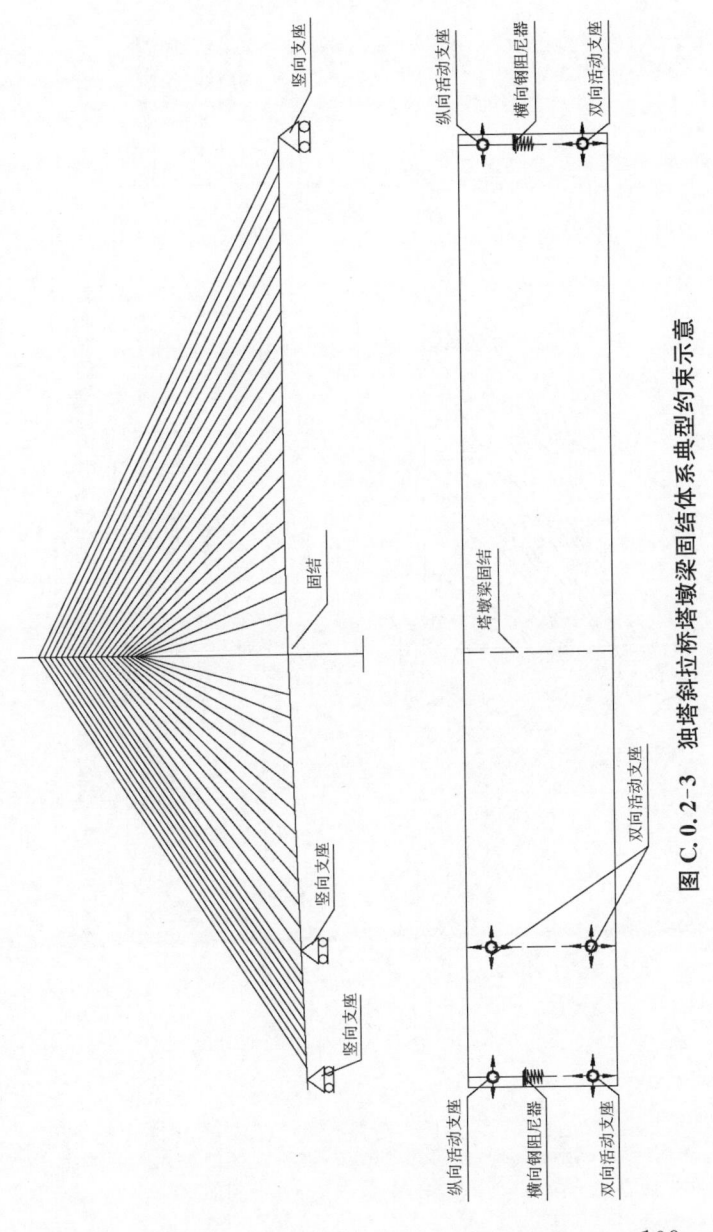

图 C.0.2-3 独塔斜拉桥塔墩梁固结体系典型约束示意

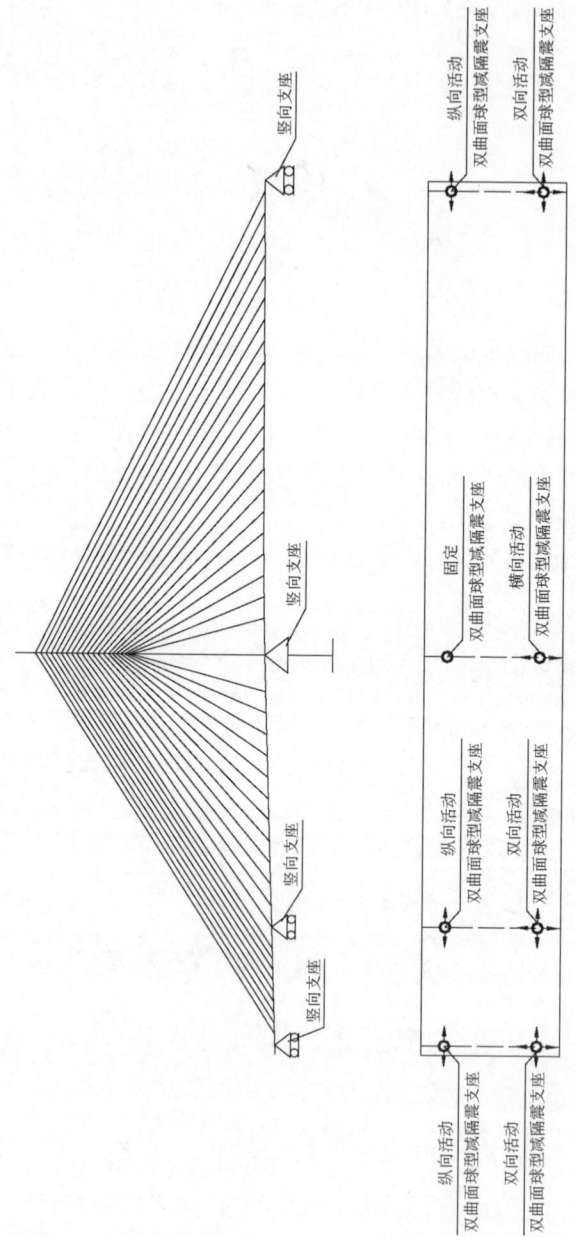

图 C.0.2-4 独塔斜拉桥塔梁固结、塔墩分离体系典型约束示意

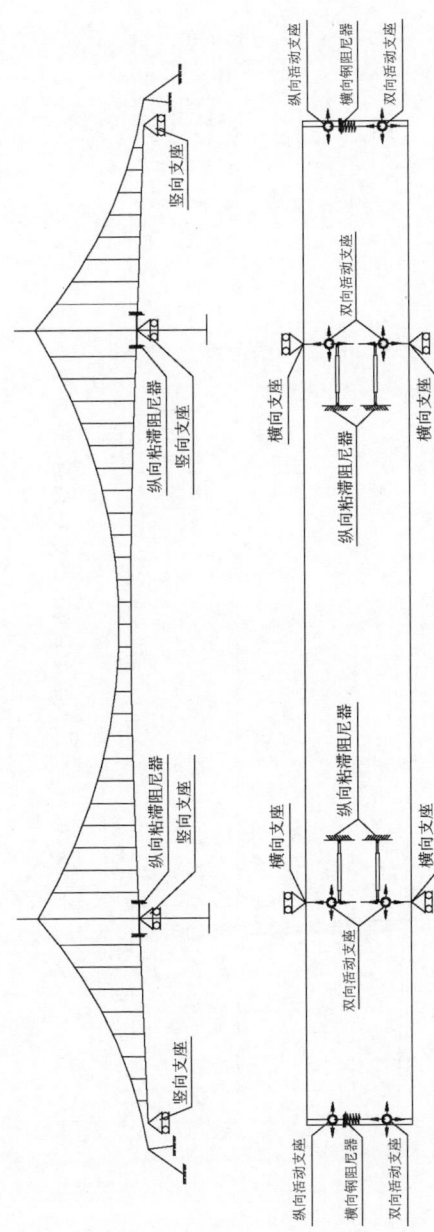

图 C.0.3-1 三跨连续地锚式悬索桥典型约束示意

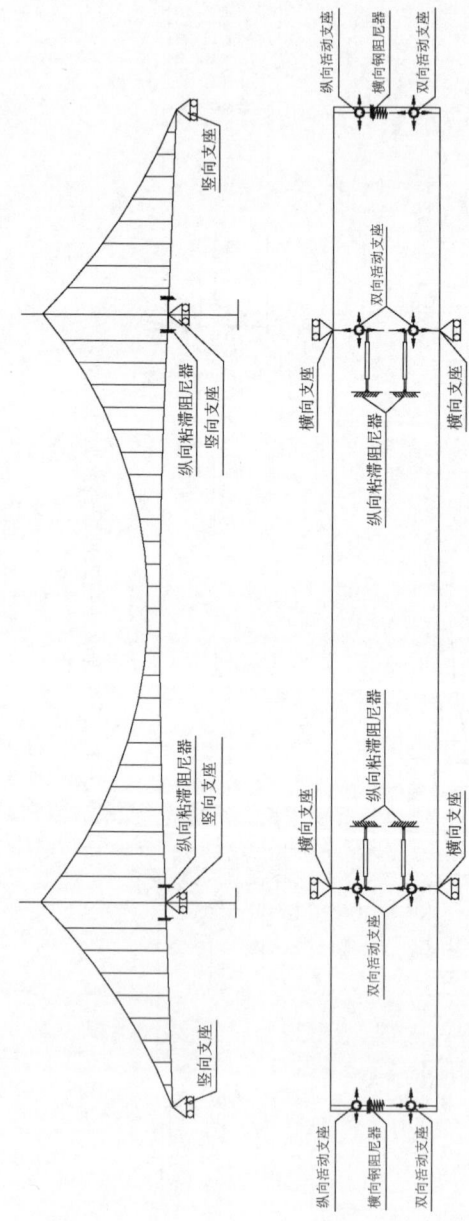

图 C.0.3-2 三跨连续自锚式悬索桥典型约束示意

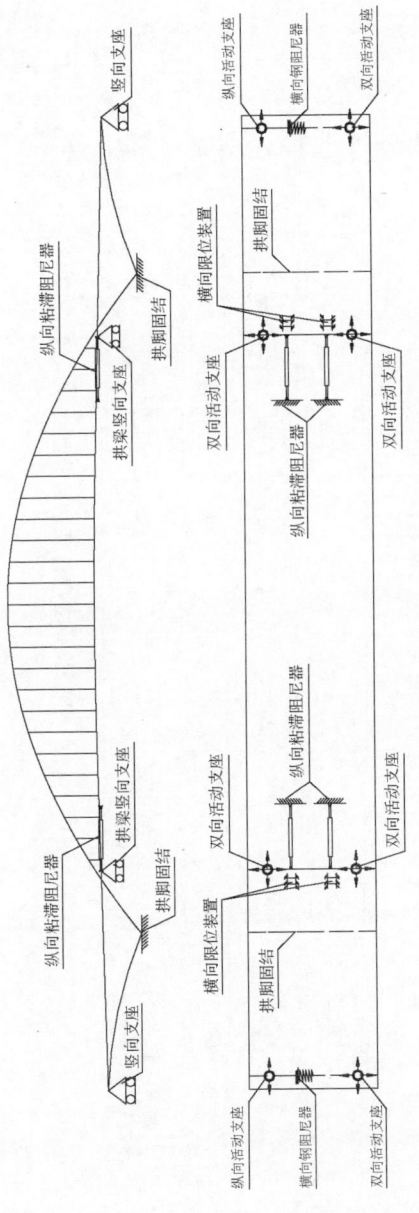

图 C.0.4-1 拱脚固结体系拱桥典型约束示意

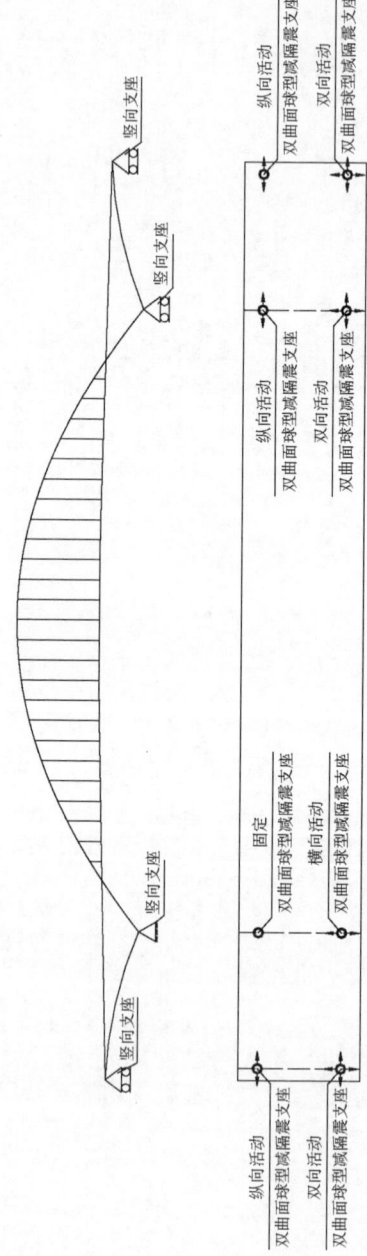

图 C.0.4-2 拱脚设置支座体系拱桥典型约束示意

— 114 —

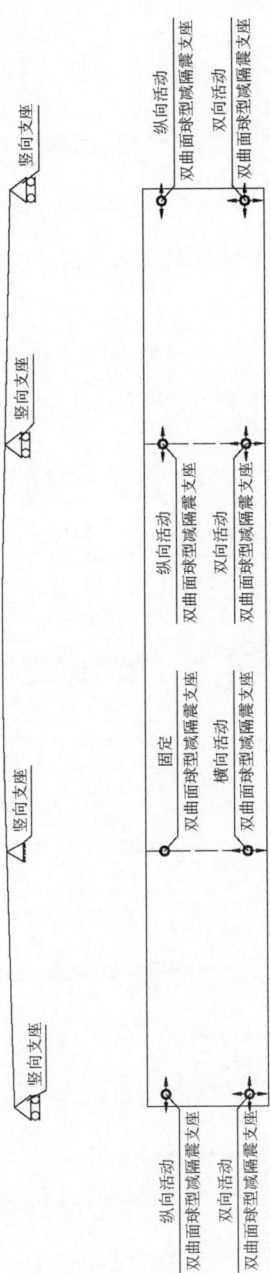

图 C.0.5 大跨度连续梁桥典型约束示意

本标准用词说明

1 为便于在执行本标准条文时区别对待,对要求严格程度不同的用词说明如下:
  1) 表示很严格,非这样做不可的用词:
     正面词采用"必须";
     反面词采用"严禁"。
  2) 表示严格,在正常情况下均应这样做的用词:
     正面词采用"应";
     反面词采用"不应"或"不得"。
  3) 表示允许稍有选择,在条件许可时首先应这样做的用词:
     正面词采用"宜";
     反面词采用"不宜"。
  4) 表示有选择,在一定条件下可以这样做的用词,采用"可"。

2 条文中指明应按其他有关标准执行的写法为"应符合……的规定(要求)"或"应按……执行"。

引用标准名录

1 《中国地震动参数区划图》GB 18306
2 《建筑抗震设计规范》GB 50011
3 《工程场地地震安全性评价》GB 17741
4 《城市桥梁抗震设计规范》CJJ 166
5 《公路桥涵地基与基础设计规范》JTG 3363
6 《公路钢筋混凝土及预应力混凝土桥涵设计规范》JTG 3362
7 《公路桥梁抗震设计规范》JTG/T 2231—01
8 《公路装配式混凝土桥梁设计规范》JTG/T 3365—05
9 《岩土工程勘察标准》DG/TJ 08—37
10 《地基基础设计标准》DGJ 08—11
11 《预制拼装桥梁技术标准》DG/TJ 08—2160

上海市工程建设规范

桥梁抗震设计标准

DG/TJ 08—2440—2023
J 17271—2023

条 文 说 明

2024　上海

目次

1 总　则 ··· 125
3 基本要求 ··· 126
　3.1 抗震设防标准 ··· 126
　3.2 地震影响 ··· 132
　3.3 抗震设计方法与抗震设计流程 ······························· 132
　3.4 桥梁抗震体系 ··· 133
　3.5 抗震概念设计 ··· 136
4 场地、地基与基础 ··· 139
　4.1 场　地 ··· 139
　4.2 地基的液化 ··· 139
　4.4 桩基础 ··· 140
5 地震作用 ··· 141
　5.1 一般规定 ··· 141
　5.2 设计加速度反应谱 ··· 141
　5.3 设计地震动加速度时程 ····································· 142
6 抗震分析 ··· 145
　6.1 一般规定 ··· 145
　6.2 建模原则 ··· 150
　6.3 反应谱法 ··· 155
　6.4 时程分析法 ··· 155
　6.5 规则桥梁抗震分析 ··· 156
　6.6 能力保护构件计算 ··· 157
　6.7 桥　台 ··· 160

7	抗震验算	161
	7.1 一般规定	161
	7.2 E1 地震作用下抗震验算	161
	7.3 E2 地震作用下抗震验算	162
	7.4 能力保护构件验算	170
8	抗震构造细节设计	172
	8.2 墩柱结构构造	172
	8.3 节点构造	175
9	预制拼装桥墩抗震设计	177
	9.1 一般规定	177
	9.2 预制拼装桥墩抗震构造设计	177
	9.3 预制拼装桥墩抗震分析和验算	181
10	桥梁减隔震设计	184
	10.1 一般规定	184
	10.2 减隔震装置	184
	10.3 减隔震桥梁地震反应分析	187
	10.4 减隔震桥梁抗震验算	188
11	大跨度桥梁抗震设计	189
	11.1 一般规定	189
	11.2 建模与分析原则	190
	11.3 性能要求与抗震验算	194
12	抗震措施	195
附录 A	地面加速度时程曲线	201
附录 B	上海典型高架桥梁抗震体系	205

Contents

1 General provisions ··· 125
3 Basic requirements ··· 126
    3.1 Seismic design standard ···························· 126
    3.2 Earthquake effect ····································· 132
    3.3 Seismic design methods and process ············ 132
    3.4 Bridge earthquake resistance systems ··········· 133
    3.5 Seismic conceptual design ·························· 136
4 Site, soil and foundation ································ 139
    4.1 Site ··· 139
    4.2 Liquefiable soil ··· 139
    4.4 Pile foundation ··· 140
5 Earthquake action ·· 141
    5.1 General requirements ································ 141
    5.2 Design acceleration spectrum ····················· 141
    5.3 Design ground motion time history ············· 142
6 Seismic analysis ··· 145
    6.1 General requirements ································ 145
    6.2 Principle of modelling ······························· 150
    6.3 Response spectrum method ······················· 155
    6.4 Time history analysis method ···················· 155
    6.5 Seismic analysis for regular bridges ············ 156
    6.6 Calculation for capacity protected members ······ 157
    6.7 Bridge abutment ······································· 160

| 7 | Seismic check | 161 |

- 7.1 General requirements ... 161
- 7.2 Seismic check for earthquake action E1 ... 161
- 7.3 Seismic check for earthquake action E2 ... 162
- 7.4 Seismic check for capacity protected members ... 170

8 Seismic design details ... 172
- 8.2 Pier column detailing ... 172
- 8.3 Joint detailing ... 175

9 Seismic design of prefabricated concrete bridge piers ... 177
- 9.1 General requirements ... 177
- 9.2 Seismic design details for prefabricated concrete bridge piers ... 177
- 9.3 Seismic analysis and check for prefabricated concrete bridge piers ... 181

10 Bridge seismic isolation design ... 184
- 10.1 General requirements ... 184
- 10.2 Seismic isolation devices ... 184
- 10.3 Seismic analysis for isolated bridges ... 187
- 10.4 Seismic check for isolated bridges ... 188

11 Seismic design of long-span bridges ... 189
- 11.1 General requirements ... 189
- 11.2 Modelling and analysis principles ... 190
- 11.3 Performance requirements and seismic check ... 194

12 Seismic measures ... 195

Appendix A Ground acceleration time history ... 201

Appendix B Earthquake resistance systems for typical viaduct bridges at Shanghai ... 205

1 总　则

1.0.1　我国处于世界两大地震带即环太平洋地震带和亚欧地震带之间,是一个地震多发国家。强烈地震会造成人员伤亡和极大的经济损失,使建设成果毁于一旦,引发长期的社会、政治和经济问题。

上海是中国的超大规模城市,其人口、城市建筑和基础设施高度密集,面临的包括地震在内的自然灾害风险也日趋复杂,公共安全形势严峻。上海位于南黄海～下扬子地震带,属我国中等强度地震活动区,地震风险不容忽视。

为进一步提高上海的综合防震减灾能力,最大限度减轻地震灾害损失,最大程度保障人民群众生命和财产安全,顺应上海抗震韧性城市建设的需要,结合上海的地质条件、社会经济状况以及桥梁工程的特点,编制《桥梁抗震设计标准》。

1.0.2　自 20 世纪 80 年代特别是浦东开发以来,上海的桥梁建设发展迅速,建设了大量单跨跨径超过 150 m 的特大跨度桥梁,包括特大跨度的斜拉桥和拱桥等,因此,有必要给出大跨度桥梁的抗震设计原则。本标准在附录 C 中给出了上海大跨度桥梁的各种典型约束体系。

但是,斜拉桥、悬索桥和单跨跨径 150 m 以上的梁桥、拱桥的地震反应具有复杂性及特殊性,标准很难对这些大跨度桥梁的抗震设计给出全面完整的规定。因此,本标准规定,大跨度桥梁的抗震设计应在满足本标准要求的基础上,根据桥梁的自身特点进行专题研究。目前美国、日本和欧洲一些国家对大跨度桥梁也要求进行专题研究。

3 基本要求

3.1 抗震设防标准

3.1.1 现行行业标准《城市桥梁抗震设计规范》CJJ 166 将城市桥梁分为甲、乙、丙、丁四类进行抗震设防,现行行业标准《公路桥梁抗震设计规范》JTG/T 2231—01 将公路桥梁分为 A、B、C、D 四类进行抗震设防,城市桥梁和公路桥梁的抗震设防标准存在明显的差别。面对新型城镇化建设的大趋势,城市桥梁和公路桥梁的抗震设防标准不统一会给上海桥梁的抗震设计带来很多实际的困难和问题。为此,本标准根据这两个行业标准的相关规定,将上海城市桥梁和公路桥梁进行统一的抗震设防分类。

3.1.2 桥梁的抗震设防标准是进行桥梁抗震设计的依据。考虑到上海的社会经济状况,同时顺应抗震韧性城市建设的需要,本标准适当提高桥梁抗震设防标准。桥梁抗震设防标准应同时明确设防地震概率水平和对应的设防目标。

上海是个国际化的大都市,人口密集、经济发达、交通量大,震后一旦中断交通,所导致的间接经济损失和社会影响巨大。《上海市建设工程防震减灾(2021—2025)中长期发展规划》中,已将抗震韧性城市建设作为主要任务。抗震韧性城市要求在遭遇地震后,可以依靠自身能力使城市保持或快速恢复到震前状态。桥梁作为交通系统这一生命线工程的枢纽工程,其抗震韧性直接关系到交通生命线的抗震韧性,是实现韧性城市的重要环节。桥梁震后的功能恢复和性能恢复期间的通行功能损失,所造成的间接经济损失大,越重要的桥梁间接经济损失越大。而桥梁结构性能修复的经济成本与桥梁通行功能损失导致的间接经济损失相比,几乎可以忽略不计。因此,基于抗震韧性的理念,有必要在桥梁抗震设防标准中给出桥梁结构功能恢复和性能恢复的时间要求,并给出相应的桥梁性能指标。

本标准引入抗震韧性理念,参考美国CALTRANS抗震设计规范(Version 2.0, 2019),适当考虑震后的桥梁通行功能恢复,提出了抗震设防目标,见表3.1.2。表中,甲类、丁类桥梁抗震设防目标与现行行业标准《城市桥梁抗震设计规范》CJJ 166和《公路桥梁抗震设计规范》JTG/T 2231—01保持一致,但乙类、丙类桥梁设防目标有所提高,并且明确了桥梁震后使用要求和震后损伤状态。另外,斜拉桥和悬索桥地震反应复杂,而且发生损伤破坏后难以修复,因此,斜拉桥和悬索桥的抗震设防目标均应按甲类桥梁要求执行。而采用减隔震设计的桥梁,应充分发挥减隔震装置的耗能能力,因此其抗震设防目标也按甲类桥梁要求执行。需要说明的是,这类斜拉桥、悬索桥和减隔震桥梁的地震影响,仍按原抗震设防类别确定。

表3.1.2中"限制交通1周",是指震后可供紧急救援车辆通行,可限制通行车道数和载重,并要求1周内完成检修工作、恢复正常通行;"限制交通1个月",是指震后可供紧急救援车辆通行,可限制通行车道数和载重,并要求1个月内完成修复加固工作、恢复正常通行。表3.1.2中的损伤状态定义参考美国CALTRANS抗震设计规范(Version 2.0, 2019),采用Vosooghi and Saiidi(2010)基于振动台试验给出的定义:局部轻微损伤,是指塑性铰区混凝土局部出现裂缝[图3-1(a)],但桥梁基本处于弹性状态;中小损伤,是指塑性铰区保护层混凝土开始剥落到大范围剥落[图3-1(b)],但残余位移可以忽略;中等损伤,是指塑性铰区保护层混凝土严重剥落以致钢筋可见[图3-1(c)],但残余漂移率小于1%,震后可修复;严重损伤,是指塑性铰区截面即将达到极限破坏状态[图3-1(d)],桥梁震后可能需要重建。

(a) DS-1:局部轻微损伤　　　　(b) DS-2、DS-3中小损伤

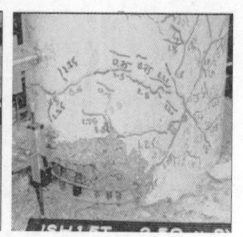

(c) DS-4:中等损伤　　　　(d) DS-5:严重损伤

图 3-1　钢筋混凝土墩柱的损伤状态[Vosooghi and Saiidi (2010)]

为了实现表 3.1.2 所述的桥梁抗震设防目标,本标准给出了 E1 和 E2 地震下的具体性能验算指标和验算方法。

E1 地震下,本标准在现行行业标准《城市桥梁抗震设计规范》CJJ 166 和《公路桥梁抗震设计规范》JTG/T 2231—01 给出的抗震性能验算规定之外,进一步规定了桥梁伸缩缝的性能验算指标和计算方法,以保证震后桥梁的正常使用功能。

E2 地震下,本标准在现行行业标准《城市桥梁抗震设计规范》CJJ 166 和《公路桥梁抗震设计规范》JTG/T 2231—01 的基础上,分别针对两种抗震设计策略,即延性抗震设计和减隔震设计,给出了与表 3.1.2 对应的性能验算指标,并进一步规定了桥梁联间梁缝间距的验算要求和计算方法,以避免梁间碰撞影响桥梁的抗震性能。

对于延性抗震设计,采用能力设计方法,可以将地震损伤控制在预设的墩柱塑性区域,因此,本标准通过控制墩柱塑性铰区最大容许塑性转角实现表3.1.2的性能目标。具体做法是,在E2地震下的墩柱位移验算中,对于抗震设防类别为乙类、丙类的桥梁,计算塑性铰区最大容许塑性转角时,所采用的安全系数在现行行业标准《城市桥梁抗震设计规范》CJJ 166和《公路桥梁抗震设计规范》JTG/T 2231—01的基础上适当增大,具体取值基于Vosooghi and Saiidi (2010)的振动台试验结果确定。

Vosooghi and Saiidi (2010)基于远场地震下、13个弯曲破坏的常规桥墩模型(相似比0.2~0.33)的振动台试验结果,给出了与图3-1中五个损伤等级对应的损伤指标,见图3-2。

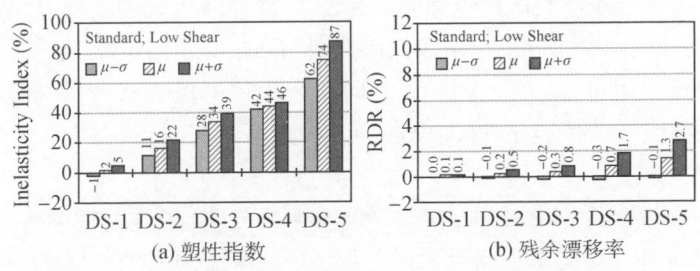

(a) 塑性指数　　　　　　(b) 残余漂移率

图3-2　钢筋混凝土墩柱各损伤等级对应的损伤指标

图3-2(a)给出了各损伤等级对应的塑性指数Ⅱ,按下式计算:

$$Ⅱ = \frac{D_{max} - D_y}{D_u - D_y} \tag{3-1}$$

其中: D_{max} 为墩柱达到给定损伤等级时的最大位移, D_u 为墩柱极限位移, D_y 为墩柱的等效屈服位移。

图3-2(b)给出了各损伤等级对应的残余漂移率RDR,按下式计算:

$$RDR = \frac{D_{res}}{H} \tag{3-2}$$

其中：D_{res} 为墩柱达到给定损伤等级时的震后残余位移，H 为墩柱高度。

图 3-2 表明，钢筋混凝土墩柱为轻微损伤状态时，最大塑性指数平均值为 2%，最大残余漂移率平均值为 0.1%；中小损伤状态，最大塑性指数平均值为 34%，最大残余漂移率平均值为 0.3%；中等损伤状态，最大塑性指数平均值为 44%，最大残余漂移率平均值为 0.7%；严重损伤状态，最大塑性指数平均值为 74%，最大残余漂移率平均值为 1.3%。1995 年日本阪神地震后，残余漂移率超过 1.75% 的 RC 桥墩被推倒重建，之后，日本工程界和学术界通常将 1% 的墩柱残余漂移率作为震后桥梁是否容许通行的临界经验值，并已被国际学术界广泛引用。因此，根据图 3-2(b) 的结果，如果桥墩处于中小损伤状态及以下，震后残余位移可以忽略；中等损伤状态会有明显的残余位移，但震后可以修复；而严重损伤状态会产生较大的震后残余位移，震后可能需要重建。

本标准表 3.1.2 中，抗震设防类别为乙类、丙类的桥梁，E2 地震下的损伤状态分别为中小损伤和中等损伤状态，而根据图 3-2(a) 的结果，最大塑性指数均值分别为 34%、44%，对应的塑性位移分别为最大塑性位移的 34% 和 44%，可得到抗震设防类别为乙类、丙类的桥梁的延性墩柱允许塑性位移（转角）分别为极限塑性位移（转角）的 $\frac{1}{3.0}$ 和 $\frac{1}{2.3}$。因此，在本标准第 7.3.5 条，塑性铰区最大容许转角计算公式（7.3.5-1）中，延性安全系数 K_{ds}，乙类桥梁取 3.0，丙类桥梁取 2.3。

同济大学桥梁抗震研究室对钢筋混凝土墩柱的震后残余竖向承载力进行了理论和试验研究，研究表明，桥墩震后竖向承载力损失与其墩顶残余漂移率间有明显的相关关系。图 3-3 给出了桥墩归一化竖向承载力与墩顶残余漂移率间的回归模型，即桥墩震后残余竖向承载力退化模型。其中，桥墩归一化竖向承载力指震损桥墩残余竖向承载力与其初始承载力之比，该比值小于等于 1.0。根据图 3-2(b)结果，钢筋混凝土墩柱处于轻微损伤、中小损伤、中等损伤和严重损伤状态时，墩顶最大残余漂移率平均值依次为 0.1%、0.3%、0.7% 和 1.3%，对应的桥墩竖向承载力损失中值依次为 6.1%、11.6%、21.8% 和 34.9%。若中等和严重损伤对应的残余漂移率界限值分别取至 1.0% 和 1.75%，对应的桥墩竖向承载力损失中值分别为 28.6% 和 43.2%。基于此，本标准表 3.1.2 给出了桥梁中小损伤和中等损伤的震后使用要求。

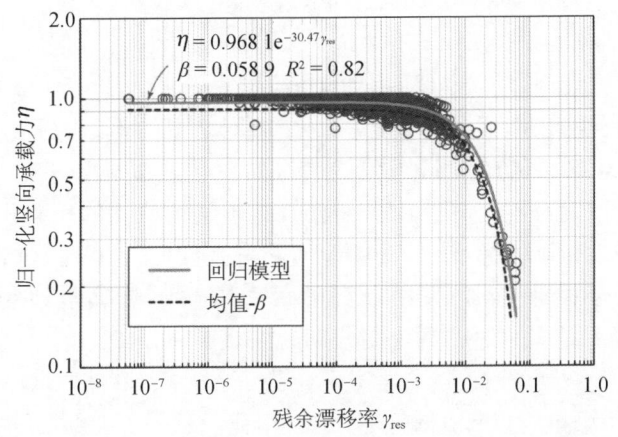

图 3-3 桥墩归一化竖向承载力与墩顶残余漂移率的回归模型

对于减隔震设计，结构性能要求与现行行业标准《城市桥梁抗震设计规范》CJJ 166 和《公路桥梁抗震设计规范》JTG/T 2231—01 保持一致，即保持弹性，桥梁的震后使用性能取决于减隔震装置的性能和位移能力。因此，本标准对减隔震装置的位移能力和活动空间提出更高要求，根据 E2 地震反应确定设计位移的基础上，再考虑 1.2 倍的安全系数确定极限位移，同时，对减隔震装置的性能检测提出了相应的要求，以确保减隔震装置的正常使用。

3.1.3 立体交叉的跨线桥包含公路、铁路跨线桥，跨线桥一旦遭受地震破坏，不仅会影响到上线交通，还影响到下线交通，因此，应按上、下两线中较高的抗震设防标准进行抗震设计。

3.1.4 美国 AASHTO 桥梁抗震设计规范(2011)建议对位于紧急通行通道(local emergency plan)上的桥梁进行专题研究,以达到更高的性能、更好的可修复性和最小的损伤。对于这些桥梁,应采用震后可快速恢复功能的桥梁结构或震后可不中断交通进行修复的结构体系,确保其最大限度地震后通行能力。

3.2 地震影响

3.2.1 抗震设防类别为甲类的桥梁都是跨度大于 150 m 的特大桥,不仅造价高,而且一般都占据交通网络上的枢纽位置,无论在政治、经济、国防上都有重要意义,如发生地震破坏不仅修复困难,而且社会经济损失巨大。因此,对于这类桥梁的抗震设计,要求按照现行国家标准《工程场地地震安全性评价》GB 17741 进行地震安全性评价,并采用较高的设防地震水准确定地震影响,E1 和 E2 对应的地震重现期分别为 475 年和 2 475 年。

3.2.2 现行行业标准《公路桥梁抗震设计规范》JTG/T 2231—01 和《城市桥梁抗震设计规范》CJJ 166 相比,设计地震动峰值加速度有显著的差距,反应谱函数也不一样,后者大于前者。考虑到新型城镇化建设的大趋势,本标准将公路桥梁与城市桥梁统一考虑,按照《城市桥梁抗震设计规范》CJJ 166 确定地震影响和地震作用。另外,根据现行国家标准《中国地震动参数区划图》GB 18306,上海Ⅱ类场地基本地震动峰值加速度为 0.1g,而上海场地类型主要是Ⅳ类,少部分地区为Ⅲ类,为便于操作,本条直接给出了场地地震动峰值加速度调整系数。

3.3 抗震设计方法与抗震设计流程

3.3.3 不同抗震设防类别的桥梁,其抗震设计流程有所不同。

甲类桥为大跨度桥梁,应满足本标准第 11 章的规定,并进行专题研究;乙、丙类桥,应根据所采用的抗震设计策略选择对应的设计流程,由于减隔震设计要求下部结构保持弹性,因此本标准对采用减隔震设计的预制拼装桥墩不再提出特殊的要求;丁类桥只进行 E1 地震下的抗震分析和强度验算,因此本标准也不再对预制拼装桥墩提出特殊的要求。

3.4 桥梁抗震体系

3.4.1 本条是在吸取历次地震震害经验和教训的基础上,为提高桥梁结构的抗震性能,防止地震作用下桥梁结构整体倒塌破坏,切断震区交通生命线而规定的。

3.4.2 本条引自现行行业标准《城市桥梁抗震设计规范》CJJ 166 和《公路桥梁抗震设计规范》JTG/T 2231—01。

延性抗震体系要求桥梁损伤控制在最小范围,所有重大塑性变形都是延性且位于易于检测和修复的位置。因此,可以选择利用桥梁墩柱及系梁发生塑性变形,延长结构周期,耗散地震能量。但需指出的是,如果桥墩中的系梁在恒载下承受拉力(图 3-4),则不能作为延性构件,要求其在设防地震下保持弹性。

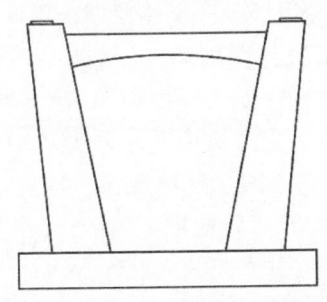

图 3-4　不宜作为延性构件的桥墩系梁

减隔震体系要求在地震作用下,桥梁上、下部连接构件(支座、耗能装置)发生塑性变形,以延长结构周期、耗散地震能量,从而减小结构地震反应。

3.4.4 1971年美国圣弗尔南多(San Fernando)地震爆发以后,各国都认识到结构的延性能力对结构抗震性能的重要意义。1994年美国北岭(Northridge)地震和1995年日本神户(Kobe)地震之后,强调结构延性能力已成为一种共识。为保证结构的延性,同时最大限度地避免地震破坏的随机性,新西兰学者Park等在70年代中期提出了结构抗震设计理论中的一个重要方法——能力保护设计方法(Philosophy of Capacity Design),并最早在新西兰混凝土设计规范(NZS3101,1982)中得到应用。之后,这个原则相继被美国、欧洲、日本和中国的桥梁抗震设计规范所采用。

能力保护设计方法的基本思想在于:通过设计,使结构体系中的延性构件和能力保护构件形成强度等级差异,确保结构不发生脆性破坏模式。基于能力保护设计方法的结构抗震设计过程,一般具有以下特征:

1) 选择合理的结构布局。

2) 选择地震中预期出现的弯曲塑性铰的合理位置,保证结构能形成一个适当的塑性耗能机制;通过强度和延性设计,确保塑性铰区域截面的延性能力。

3) 确立适当的强度等级,确保预期出现弯曲塑性铰的构件不发生脆性破坏模式(如剪切破坏、粘结破坏等),并确保脆性构件和不宜用于耗能的构件(能力保护构件)处于弹性反应范围。

具体到梁式桥,按能力保护设计方法,应考虑以下几方面:

1) 塑性铰的位置一般选择出现在墩柱上,墩柱作为延性构件设计,可以发生塑性变形,以耗散地震能量。

2) 墩柱的设计剪力值按能力设计方法计算,应为与柱的极限弯矩(考虑超强系数)所对应的剪力,在计算剪力设计值时应考虑所有塑性铰位置以确定最大的设计剪力。

3) 盖梁、节点及基础按能力保护构件设计,其设计弯矩、设计剪力和设计轴力应为与柱的极限弯矩（考虑超强系数）所对应的弯矩、剪力和轴力；在计算盖梁、节点和基础的设计弯矩、设计剪力和轴力值时应考虑所有塑性铰位置以确定最大的设计弯矩、剪力和轴力。

3.4.5 中小跨度桥梁广泛采用板式橡胶支座，梁体直接搁置在支座上，支座与梁底和墩顶无螺栓连接。汶川地震等震害表明，这种支座布置形式，在地震作用下梁底与支座顶面容易产生相对滑动，导致较大的梁体位移，甚至落梁破坏。考虑到板式橡胶支座在我国中小跨度桥梁中的广泛应用，对于地震作用下橡胶支座抗滑性能不能满足要求的桥梁，本标准给出了两个抗震对策供工程师选用：

1 不允许支座产生相对滑动，按延性抗震体系进行抗震设计，由限位装置（如不留间隙的挡块等）和支座共同传递水平地震力，而这一水平地震力应根据墩柱塑性铰区的抗弯强度，按能力保护构件计算，因此会对限位装置的强度提出较高要求。

2 允许支座和梁底产生相对滑动，按减隔震体系进行抗震设计，采用墩梁限位装置（如在墩梁间设置钢阻尼器等）以控制主梁地震位移。这种体系利用支座顶面和梁底调平钢板之间的摩擦滑动来隔震，应保证滑动摩擦性能的稳定性，不允许支座滑出调平钢板之外。

3.4.6 纵向地震作用下，多跨连续梁桥的固定支座一般要承受较大的水平地震力，很难满足本标准第 7.2.2 条和第 7.4.6 条支座抗震性能要求，对于这种情况，如固定墩以及固定墩基础有足够的抗震能力，能满足相关抗震性能要求，可以通过计算设置受力挡块，挡块应能承受支座所受的水平地震力。

3.4.7 纵桥向，对于连续梁桥或多跨简支梁桥，我国一般都在桥台处设置纵向活动支座，因此，纵桥向地震作用下，梁体纵向惯性力主要由桥墩承受；横桥向，如在桥台处设置横向抗震挡块，横向地震作用下，梁体横向惯性力按墩、台水平刚度分配，由于桥台刚度大,将承受较大的横向水平地震力,因此建议桥台上的横向抗震挡块宜设计为在 E2 地震作用下的可牺牲构件,以减小桥台的横向地震力。如果梁体的地震惯性力通过挡块传递给桥台,则应该对桥台的抗震性能进行验算,这就需要建立考虑土－桥台相互作用的全桥模型进行地震反应分析,得到桥台的真实地震反应,这一过程比较复杂。

3.4.8 由于各种因素的影响,有时候桥梁结构的抗震体系难以满足本标准第 3.4.2 条的要求。比如,桩基桥梁的桥墩(如墙式墩)过于强大,难以利用桥墩屈服耗能,或者基础处于冲刷/液化场地,造成桩基础先于桥墩屈服。这种情况下,如果依然要求利用桥墩延性抗震,抗震投入过大。但桩身损伤相对于桥墩损伤来说检查和修复的难度较大,因此有限利用桩基础延性抗震应进行专题研究。

3.5 抗震概念设计

3.5.1 采用对称、均匀的结构形式,使桥梁结构刚度、质量、强度对称和均衡分布,有利于桥梁结构各部分共同承担水平地震力,而整体性好的结构地震下不易发生落梁。

3.5.2 刚度和质量平衡是桥梁抗震理念中最重要的一条。对于上部结构连续的桥梁,各桥墩高度宜尽可能相近。对于相邻桥墩高度相差较大导致刚度相差较大的情况,水平地震力在各墩间的分配一般不理想,刚度大的墩将承受较大的水平地震力,影响结构的整体抗震能力。扭转中心和质量中心的偏离会在上部结构产生转动效应,加重落梁和碰撞等破坏风险。美国 AASHTO 桥梁抗震设计规范(2011)给出了连续梁桥墩间的刚度要求,本条直接引用。

3.5.3 梁式桥相邻联周期相差较大的情况会产生相邻联间的非同向振动(out-of-phase vibration),从而导致伸缩缝处相邻梁体间较大的相对位移和伸缩缝处的碰撞。为减小相邻联的非同向振动,美国 AASHTO 桥梁抗震设计规范(2011)给出了规定,本条直接引用。

3.5.4 为保证桥梁刚度和质量的平衡,设计时应优先考虑采用等桥面宽度、等跨径、等墩高的结构形式。如不能满足,可通过调整桥墩的断面尺寸和支座等方法来改善桥梁的平衡情况。当采用橡胶支座后,由墩和支座构成的串联体系的水平刚度为

$$k_\mathrm{t} = \frac{k_\mathrm{z} k_\mathrm{p}}{k_\mathrm{z} + k_\mathrm{p}} \qquad (3\text{-}3)$$

其中:k_t 是由墩和支座构成的串联体系的水平刚度,k_z 和 k_p 分别为橡胶支座的剪切刚度和桥墩的水平刚度。

水平地震力就是根据各墩串联体系的水平刚度按比例进行分配的。从式(3-3)可以看出,调整支座的刚度可以有效地调整各墩位处的刚度平衡。

3.5.5 采用连续跨布置可以最大限度地减少主梁的断缝,减小落梁风险,但连续梁的梁端位移需求一般也较大,需加强边墩的防落梁设计。

3.5.6 矮墩水平刚度大,如设置固定支座,会导致传递到桥墩和基础的地震惯性力过大,从而对支座抗剪强度、桥墩抗剪强度和基础承载力提出过高要求,因此宜设置活动支座或板式橡胶支座。

3.5.7 可采用板式橡胶支座、铅芯橡胶支座、高阻尼橡胶支座等柔性支承,使各墩在地震下共同分担地震力,避免桥面连续处过大的地震内力,同时应加强配筋以承受墩高差异等导致的桥面连续处的地震内力。

3.5.8 地震运动具有往复特性,因此盖梁抗震设计应考虑其可能会出现的正负弯矩的交替作用。

3.5.10 桥墩宜采用纵、横向水平刚度和极限承载力相近的结构

构造与配筋形式,可以与基础和上部结构更好的匹配,延性体系可以避免基础在某一方向按能力保护计算的内力过大,减隔震体系则可以避免在某一方向墩柱进入屈服。单柱墩避免纵、横向尺寸差异太大,双柱墩宜采用纵向尺寸大于横向尺寸的截面形式,可适当通过配筋调整纵、横向的水平极限承载力差异。

3.5.12 在液化场地,为避免地震时因地基失效而导致桥梁倾斜或垮塌,桥梁桩基础应穿过液化土层并且有足够深度。

3.5.13 在倾斜液化场地,土体液化引起的地面大变形会对桩身施加较大的作用力,为抵抗这一作用力,桥梁桩基础的直径宜适当增加。

3.5.14 在延性抗震设计中,桥梁群桩基础作为能力保护构件,在桥墩传递的地震弯矩、水平力和轴力作用下,桩身应保持弹性,通常由最外排桩控制设计。

4 场地、地基与基础

4.1 场 地

4.1.1 根据上海的地质资料,除松江西北部佘山、天马山等为基岩露头以外,绝大部分地区基岩埋藏深度约为 200 m～400 m,远大于覆盖层厚度的规定界限。因此,除湖沼平原Ⅰ-1区以及第②₃层较厚地区外,上海地表下 20 m 深度范围内场地的等效剪切波速一般小于 150 m/s 界限,应划归Ⅳ类场地。现行上海市工程建设规范《岩土工程勘察标准》DG/TJ 08—37 规定,湖沼平原Ⅰ-1区按波速判定场地类别;对于滨海平原区第②₃层分布较厚的地区,由于地层情况复杂,尚需进一步开展相关研究,目前仍按Ⅳ类场地考虑。

4.1.2 根据现行上海市工程建设规范《岩土工程勘察标准》DG/TJ 08—37,上海主要的不利地段为临岸场地、液化场地、大面积暗浜、大面积新近堆积的场地等;其他地段虽然属于软土地区,但由于不需要考虑 7 度条件下的软土震陷问题,可作为一般场地。

4.2 地基的液化

4.2.1 现行上海市工程建设规范《岩土工程勘察标准》DG/TJ 08—37 将地基液化判别深度统一定为 20 m。

4.2.3 目前规范中常见的液化判别方法有标准贯入试验和静力触探试验。现行行业标准《公路桥梁抗震设计规范》JTG/T 2231—01 在对全国地层参数进行统计的基础上,给出了标准贯入试验判别液化的经验公式。然而,全国各地区土层参数差异较大,该拟合公式计算锤击数的临界值难以准确反映上海土层特点。上海普遍分布着粉性土和砂性土,埋深一般在地下 2.5 m～5.0 m,厚度 2 m～10 m,土层均由饱和、呈松散～稍密状态的粉性土或砂性土组成,具有较强的区域特性。因此,本标准采用现行上海市工程建设规范《地基基础设计标准》DGJ 08—11 中的标准贯入击数临界值计算公式。此外,为进一步提高桥梁场地液化判别的准确性和可靠度,增加了采用静力触探试验判别液化的方法。作为标准推荐的方法,二者互相印证,同等有效。当两种方法的结果有区别时,应进行综合分析判定。

4.4 桩基础

4.4.1 考虑到 E2 地震是重现期 2 475 年的罕遇地震,抗震验算是取最不利瞬间的地震反应且按最不利组合进行强度验算,因此可充分利用基础的承载力。在非液化土层中,进行单桩竖向承载力验算时,可不考虑安全系数,直接取用其极限承载力。对于可液化场地,液化土层以下的单桩承载力可同样提高,但液化土层内及以上土层单桩承载能力不宜提高。但是,E1 地震是多遇地震,桩基础抗震验算时,单桩承载力应按现行行业标准《公路桥涵地基与基础设计规范》JTG 3363,不应提高。

4.4.3 承台基坑的回填土应分层压实,基坑压实度根据行业标准《城市道路工程设计规范》CJJ 37—2012(2016 年版)第 12.2.4 条,按主干路路基最小压实度取 92%。

5 地震作用

5.1 一般规定

5.1.1 拱式结构、长悬臂结构和大跨度结构等一些特殊复杂桥梁结构对竖向地震作用较为敏感,需考虑竖向地震作用。

5.2 设计加速度反应谱

5.2.1～5.2.4 现行行业标准《公路桥梁抗震设计规范》JTG/T 2231—01 与《城市桥梁抗震设计规范》CJJ 166 采用不同的设计加速度反应谱,包括反应谱函数和 E1、E2 地震调整系数均不相同,后者明显大于前者。随着上海城镇化的建设,公路桥梁和城市桥梁难以准确界定,如果城市桥梁和公路桥梁采用不同的设计加速度反应谱,不仅造成桥梁抗震设防标准的不统一,也给桥梁抗震设计带来困扰。因此,有必要采用统一的设计加速度反应谱。

上海正进行抗震韧性城市建设,本标准统一采用《城市桥梁抗震设计规范》CJJ 166 的设计反应谱。图 5-1 给出了Ⅲ类场地,抗震设防类别为乙类、丙类的桥梁,分别按《公路桥梁抗震设计规范》JTG/T 2231—01 与《城市桥梁抗震设计规范》CJJ 166 确定的 E1、E2 地震设计加速度反应谱。

另外,《城市桥梁抗震设计规范》CJJ 166 的设计加速度反应谱,最长周期仅为 6 s,难以满足更长周期桥梁(减隔震桥梁等)的抗震设计要求。为此,本标准对《城市桥梁抗震设计规范》CJJ 166 的设计加速度反应谱进行了调整,将周期范围从 6 s 延长至 10 s。参考美国 AASHTO 桥梁抗震设计规范(2011)和《公路

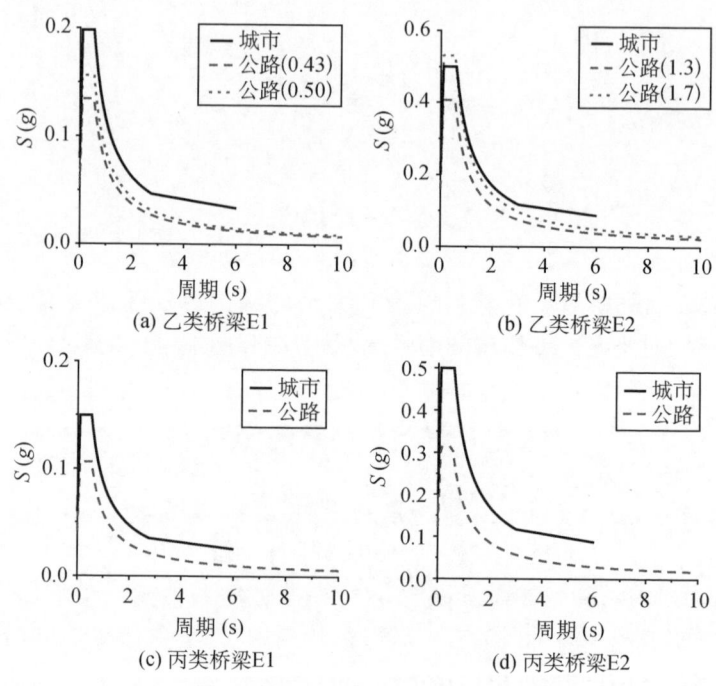

图 5-1 两个行业标准的设计反应谱比较

桥梁抗震设计规范》JTG/T 2231—01,设计反应谱中 6 s~10 s 的长周期部分按 T^{-1} 的速率下降。

5.3 设计地震动加速度时程

5.3.2 本标准附录 A 分别给出了对应于Ⅲ、Ⅳ类场地的 E1、E2 地震加速度反应谱的 4 组地震动加速度时程,每组包含 2 条人工地震加速度时程、5 条实际地震加速度时程,共 $4×(2+5)=28$ 条地震加速度时程。其中,实际地震加速度时程是对实际地震记录进行反应谱匹配后得到的。首先,分别以 4 条规范设计反应谱为目标,辅以剪切波速范围限制,从太平洋地震工程研究中心强震数据库(PEER Strong Ground Motion Database)中筛选了 4 组实际地震记录,每组 5 条,共计 20 条。所筛选出来的每组实际地震记录的平均反应谱与目标反应谱对比,仍然存在较大差异。因此,还需通过反应谱匹配算法进一步调整,以达到与目标反应谱相近的目标。

目前反应谱匹配算法分为频域与时域两种方式,其中频域算法存在收敛与非平稳特征改变等问题,而时域方法通过附加小波的方式对原波形进行微调,具有较好的收敛性且能够保留原地震动波形特征。匹配后的各条时程曲线对应的反应谱,能够与目标反应谱较好地吻合。基于小波分析,多名学者提出了不同的反应谱匹配方法。Lilhanand 和 Tseng(1987,1988)结合小波与单自由度弹性响应,实现了反应谱对微调的兼容性。该方法在通常情况下,能够实现较好匹配,然而调整后的位移与速度时程会产生失真,因此需要进行基线修正,但修正后的反应谱又存在匹配度下降的问题;同时,当匹配中存在高密度周期值和多阻尼等级时,该方法存在不收敛等问题。Mukherjee 和 Gupta(2002)以及 Suarez 和 Montejo(2003,2005)先后提出了采用小波分解和连续小波变换的方法对加速度时程进行正交分解,并通过迭代运算实现反应谱的匹配。虽然原始时程的持续时间得以保留,但是调整后的加速度时程在幅值和频率成分上与原时程存在较大差异。在此基础之上,Hancock 等(2006)提出一种基于小波的改进匹配算法,能够较好地克服上述方法的不足。

本标准基于 Hancock 等(2006)所提出的方法,对筛选出来的 20 条实际地震记录进行了二次匹配。具体匹配的参量包括:反应谱曲线、加速度的均方根、里氏震级、积累绝对速度、比能量密度、加速度谱强度、持续最大加速度、卓越周期、显著持时等。经匹配后的部分地震动时程仍然存在地震动峰值加速度与本标准第 5.2.3 条规定的地震动峰值加速度 A 不吻合的情况,因此进一步对地震动时程的峰值加速度进行调整,调整后的反应谱与本标准规定的反应谱差异仍然较小,由此形成反应谱、峰值加速度的双匹配,详见本标准附录 A。

5.3.3 对地震动加速度时程数量作进一步的限定,设计加速度时程不得少于 7 组。

6 抗震分析

6.1 一般规定

6.1.1 对于墩高超过 40 m、墩身第一阶振型有效质量低于 60%,且结构进入塑性的高墩桥梁,由于墩身高阶振型贡献,常规的抗震验算方法会带来较大误差,应进行抗震专题研究。

6.1.2 为简化桥梁结构的动力响应计算及抗震设计,根据地震响应的复杂程度,将梁式桥分为两大类,即规则桥梁和非规则桥梁。规则桥梁地震反应以一阶振型为主,因此可以采用本标准建议的各种简化计算公式进行分析。对于非规则桥梁,由于其地震响应复杂,采用简化计算方法不能有效把握其响应特性,因此本标准要求采用比较复杂的分析方法来确保其在实际地震作用下的性能满足设计要求。

要满足规则桥梁的定义,桥梁结构应在跨数、几何形状、质量分布、刚度分布以及桥址的地质条件等方面受到一定的制约。具体而言,要求桥梁的跨数不应太多,跨径不宜太大,墩柱轴压比不大于 0.3。轴压比指结构的最不利组合轴向压力与柱的全截面面积和混凝土轴心抗压强度设计值乘积之比值。此外,在桥梁纵桥向和横桥向上的质量分布、刚度分布以及几何形状等不应有突变,相邻桥墩的刚度差异不应太大,墩柱计算高度,即塑性铰截面到反弯点的距离与直径或宽度比应处于一定范围,桥址的地形、地质没有突变,桥址场地不会发生液化和地基失效的危险等。对曲线桥梁,要求其最大圆心角应处于一定范围内。对斜交桥梁及安装有减隔震支座或阻尼器的桥梁,则不属于规则桥梁。

为便于实际操作,本条对规则桥梁给出了一些规定。迄今为止,国内还没有对规则桥梁结构的定义范围作专门研究,这里仅借鉴国外一些桥梁抗震设计规范的规定并结合国内已有的一些研究成果,给出条文中表6.1.2的规定。不在此表限定范围内的桥梁,都属于非规则桥梁。

6.1.3 E1地震作用下,结构处于弹性工作范围,可采用反应谱法计算。对于规则桥梁,由于其动力响应主要由一阶振型控制,因此可采用简化的单振型反应谱法计算。E2地震作用下,虽然容许桥梁结构进入弹塑性工作范围,但可以利用结构动力学中的等位移原则,对结构的弹性地震位移反应进行修正来代表结构的非线性地震位移反应,因此也可采用反应谱法进行分析;但对于多联大跨度连续梁等复杂结构,需采用非线性时程法才能正确计算结构的非线性地震反应。

6.1.4～6.1.6 对于多联大跨度连续梁桥、曲线桥梁和斜交桥梁等复杂结构,采用反应谱法很难正确计算其地震反应,应采用非线性时程分析法计算地震反应。

6.1.7 E1地震作用下结构处于弹性工作范围,主要关注结构的强度,在此情况下可近似偏安全的取桥墩的毛截面进行抗震分析(一般情况下,取毛截面计算出的结构周期相对较短,计算出的地震力偏大);而E2地震作用下,容许结构进入弹塑性工作状态,主要关注结构的变形,对于延性构件取毛截面计算出的变形偏小,偏不安全,因此取开裂后的等效截面刚度较为合理。但是,计算结构内力,用以判断延性构件是否屈服或者按弹性反应计算能力保护构件设计内力值时,桥梁所有构件的抗弯刚度均应偏安全地按毛截面计算。

6.1.8 当河床遭受一般冲刷后,冲刷线以上的土层不存在,场地覆盖土层厚度相应减小。如果这部分厚度变化对场地的地震动有显著影响,则冲刷工况的地震输入,需按一般冲刷线确定场地地表标高,选取场地地表地震动作为地震输入。

6.1.9 在强烈地震作用下,饱和砂土(粉土)的孔隙水压力往往会增大,导致土体的刚度和强度减小,当孔隙水压力的增量接近土体初始有效应力时,就会发生液化。因此,场地液化将影响桥梁的地震反应。因此,液化场地桥梁的抗震设计应分别考虑两种情况,一是场地不发生液化,二是液化土层发生液化,并按最不利工况进行设计。

6.1.10 对于古河道、现代河滨或海滨的可液化场地,存在倾斜上覆非液化土层时(图6-1),土体液化会引起地面大变形,进而给桩基础施加较大的作用力,对桩基础危害较大。液化场地地震过程大致可分为三个阶段:第一阶段为孔隙水压力大幅增大前,桩基础主要承受上部结构的惯性力;第二阶段为孔隙水压力较大时,需同时考虑上部结构惯性力和几何相互作用力;第三阶段为地震动结束后,桩基础主要承受地面残余变形引起的作用力。因此,在液化会引起地面大变形的场地,影响因素较多,桥梁结构的地震反应分析较为复杂,应进行专题研究。

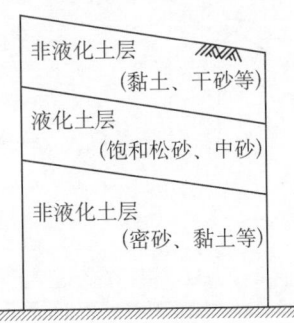

图6-1 易发生地面大变形的可液化场地

本标准第4.2节仅针对地基土本身的液化等级,对桩基桥梁地震响应的影响未知,且未考虑对桩基更不利的上覆非液化土层的大变形效应。为此,同济大学桥梁抗震研究室进行了液化及地面大变形效应下桩基桥梁地震反应规律的理论研究,考虑了不同地震动强度、桥梁尺寸、场地土层分布和土体强度等参数,进行了系统的参数分析,量化比较了液化大变形场地与非液化场地中桥梁桩基的地震反应,提出了地基液化对桩基桥梁地震响应影响程度指标 LSI。LSI 指标的原始定义是基于表征土体液化的传统指标(图 6-2),即超孔压比 $r_u = \Delta u / \sigma'_{v0}$($\Delta u$ 为地震下土中某点的孔压变化值,σ'_{v0} 为该点的初始竖向有效压力,通常 $r_u \geqslant 0.8$ 表示土体发生了液化,而 $r_u < 0.8$ 表示未液化),见式(6-1)。

$$LSI = \frac{1}{H_s} \int_0^H \lambda \cdot r_u(h) \cdot dh \quad \begin{cases} \lambda = 1 & \text{for} \quad r_u \geqslant 0.8 \\ \lambda = 0 & \text{for} \quad r_u < 0.8 \end{cases}$$

(6-1)

式中,r_u 代表了土中某点液化与否,但无法表征整个液化场地的液化情况,而 LSI 指标可表征桥梁所在场地自上而下的总体液化情况。

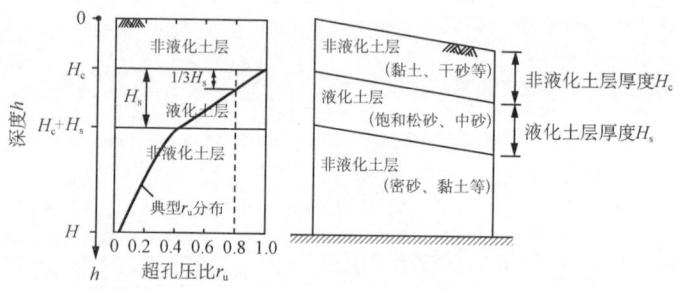

图 6-2 LSI 指标的物理意义

由于 r_u 需通过液化场地非线性地震反应分析得到,土体建模复杂且计算量大,而 r_u 与地震动强度和场地特征有关,因此通过回归分析 LSI 指标可表达为条文 6.1.10 中的式(6.1.10-1),表 6-1 提供的地震动 Arias 强度指标 I_a 通过本标准附录 A 对应设防地震水准和场地类型的 7 条地震动的 I_a 结果取平均得到。

表 6-1 上海 E1 和 E2 设防地震水准下地震动 Arias 强度指标 I_a(m/s)

设防地震水准	场地类别	
	III	IV
E1	0.17	0.24
E2	1.18	1.79

参考美国 ASTM 土体与岩石材性试验标准(2011)，$(N_1)_{60}$ 通过考虑落锤能量、钻孔直径、贯入器内衬、杆长、上覆有效应力，对现场实际标准贯入击数 N 进行修正，按式(6-2)得到：

$$(N_1)_{60} = \eta_H \cdot \eta_B \cdot \eta_S \cdot \eta_R \cdot \eta_N \cdot N \quad (6-2)$$

式中：η_H——落锤能量修正系数，取 60%；

η_B——钻孔直径修正系数，按表 6-2 确定；

η_S——贯入器内衬修正系数，按表 6-3 确定；

η_R——杆长修正系数，按表 6-4 确定；

η_N——上覆有效应力修正系数，按式(6-3)计算。

$$\eta_N = \frac{1.7}{0.7 + \sigma'_{v0}/p_a} \quad (6-3)$$

式中：σ'_{v0}——土层竖向有效应力；

p_a——大气压强度(101 kPa)。

表 6-2 钻孔直径修正系数

钻孔直径 (mm)	η_B
60~120	1.0
150	1.05
200	1.15

表 6-3 贯入器内衬修正系数

内衬类型	ηs
无内衬	1.0
有内衬(密砂或黏土场地)	0.8
有内衬(松砂场地)	0.9

表 6-4 杆长修正系数

杆长（m）	ηs
>10	1.0
6～10	0.95
4～6	0.85
0～4	0.75

通过对不同 LSI 下桩基桥梁地震反应规律的研究发现，对具有上覆非液化土层且水平倾角小于 10°的液化场地，当 LSI 不大于 0.3 时（即液化土层的液化范围不超过 1/3，见图 6-2），液化及地面大变形效应对主梁加速度、支座位移以及桩身曲率峰值反应的影响基本在 5% 以内。因此，出于简化考虑，当 LSI 不大于 0.3 时，可按非液化场地的情况进行计算。经测算，上海桥梁在 E1 地震作用下均可按非液化场地进行抗震分析。

6.2 建模原则

6.2.1，6.2.2 由于非规则桥梁动力特性的复杂性，采用简化计算方法不能正确地把握其动力响应特性，要求采用杆系有限元建立动力空间计算模型。正确地建立桥梁结构的动力空间模型是进行桥梁抗震设计的基础。对于斜交桥梁、曲线桥梁和变宽桥梁，其主梁采用空间梁单元模拟不能较好反映其质量和刚度分布，可采用空间板壳单元模拟。为正确反映实际桥梁结构的动力特性，要求每个墩柱至少采用 3 个杆系单元；桥梁支座采用连接单元模拟,单元的质量可采用集中质量代表(图6-3)。

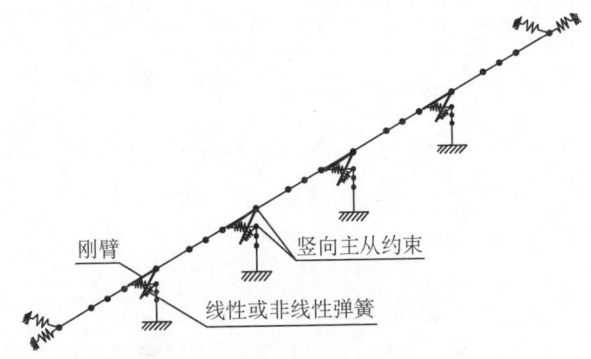

图 6-3 桥梁动力空间计算模型

阻尼是影响结构地震反应的重要因素,在进行非规则桥梁时程反应分析时可采用瑞利阻尼假设建立阻尼矩阵。根据瑞利阻尼假设,结构的阻尼矩阵可表示为下式:

$$[C] = a_0[M] + a_1[K] \tag{6-4}$$

式中,$[M]$ 和 $[K]$ 分别为结构的质量和刚度矩阵;a_0 和 a_1 可按下式确定:

$$\begin{Bmatrix} a_0 \\ a_1 \end{Bmatrix} = \frac{2\xi}{\omega_n + \omega_m} \begin{Bmatrix} \omega_n \omega_m \\ 1 \end{Bmatrix} \tag{6-5}$$

式中,ξ 为结构阻尼比,对于混凝土桥梁,$\xi=0.05$;ω_n 和 ω_m 为结构振动的第 n 阶和第 m 阶圆频率,一般 ω_n 取可取计算方向结构的基频,ω_m 取后几阶对结构振动贡献大的振型的频率。

在建立一般非规则桥梁动力空间模型时宜建立全桥计算模型,但对于桥梁长度很长的桥梁,可以选取具有典型结构或特殊地段或有特殊构造的多联梁式桥(一般不少于3联)进行地震反应分析。这时,应考虑邻联结构和边界条件的影响,邻联结构和边界条件的影响可以在所取计算模型的末端再加上一联梁式桥或桥台进行模拟(图 6-4)。

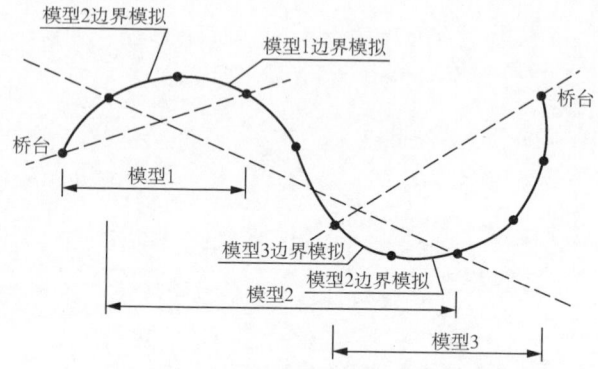

图 6-4　边界条件和后继结构的模拟

6.2.4　在 E2 地震作用下桥梁可以进入非线性工作范围,因此,在进行结构非线性时程反应分析时,梁柱单元的弹塑性可以采用 Bresler 建议的屈服面来表示(图 6-5),也可采用非线性梁柱纤维单元模拟。

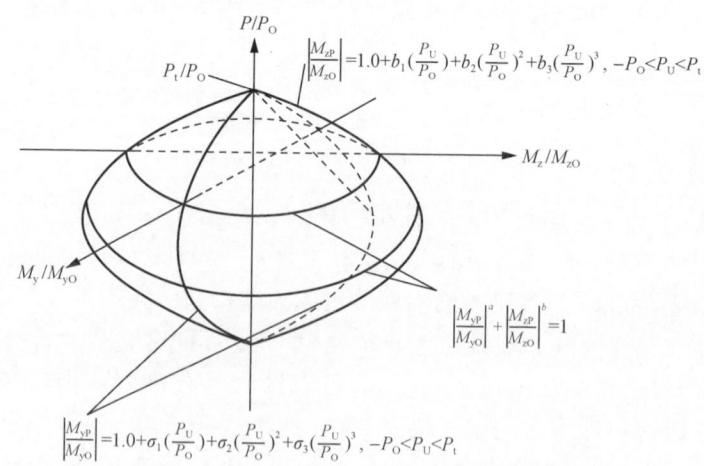

$\left|\dfrac{M_{zP}}{M_{zO}}\right| = 1.0 + b_1\left(\dfrac{P_U}{P_O}\right) + b_2\left(\dfrac{P_U}{P_O}\right)^2 + b_3\left(\dfrac{P_U}{P_O}\right)^3,\ -P_O < P_U < P_t$

$\left|\dfrac{M_{yP}}{M_{yO}}\right|^a + \left|\dfrac{M_{zP}}{M_{zO}}\right|^b = 1$

$\left|\dfrac{M_{yP}}{M_{yO}}\right| = 1.0 + \sigma_1\left(\dfrac{P_U}{P_O}\right) + \sigma_2\left(\dfrac{P_U}{P_O}\right)^2 + \sigma_3\left(\dfrac{P_U}{P_O}\right)^3,\ -P_O < P_U < P_t$

图 6-5　典型钢筋混凝土墩柱截面的屈服面

6.2.5 大量板式橡胶支座的试验结果表明,板式橡胶支座的滞回曲线呈狭长形,可以近似作线性处理。它的剪切刚度尽管随着最大剪应变和频率的变化而变化,但对于特定频率和最大的剪切角而言,可以近似看作常数。因此,可将板式橡胶支座的恢复力模型取为线弹性。

6.2.6 各类活动支座的试验表明,当支座受到的剪力超过其临界滑动摩擦力 F_{max} 后,支座开始滑动,其动力滞回曲线可用类似于理想弹塑性材料的滞回曲线代表,即采用双线性本构模型。

一般情况下,活动支座通过四氟滑板与不锈钢板之间的摩擦耗能,摩擦系数可取 0.02;而普通板式橡胶支座,如果允许梁底滑动,则是橡胶与钢板之间的摩擦,动摩擦系数可按本标准第 7.2.2 条的规定,取 0.2。

支座恢复力模型中的初始刚度,则与支座类型有关。滑板橡胶支座,滑动前的刚度与普通板式橡胶支座相同,即可按本标准公式(6.2.5)计算。活动盆式支座和球型支座,滑动前刚度很大,位移可忽略,为了确定双线性本构模型的初始刚度,本标准给出了一个小值,取 0.003 m。

6.2.7 桩基础是桥梁的常用基础形式。桩-土-结构动力相互作用会使结构的动力特性、阻尼和地震反应发生改变。精确模拟桩-土-结构动力相互作用非常复杂,但中小跨度桥梁对于结构本身的反应,只要对桩周土的约束效应作适当的模拟就能得到较满意的结果。

桩土共同作用可采用等代土弹簧模拟,等代土弹簧的刚度可采用 m 法计算。最常用的处理方法是用承台底 6 个自由度的弹簧刚度模拟桩土相互作用(图 6-6),这 6 个弹簧刚度是竖向刚度、纵桥向和横桥向的抗推刚度、绕竖轴的抗转动刚度和绕两个水平轴的抗转动刚度。它们的计算方法与静力计算相同,所不同的仅是 m 值的取值稍有不同。地基土的力和位移关系是非线性的,在现行行业标准《公路桥涵地基与基础设计规范》JTG 3363 给定的取值范围内,E1 地震下,m 值建议偏大取值,而 E2 地震下,m 值建议偏小取值。需注意的是,六弹簧模型忽略了基础刚度矩阵中的非对角项(基础平转动耦合项)的影响,对于桩柱式墩或者单排桩会引起较大的误差,此时建议采用 6×6 的全刚度矩阵。

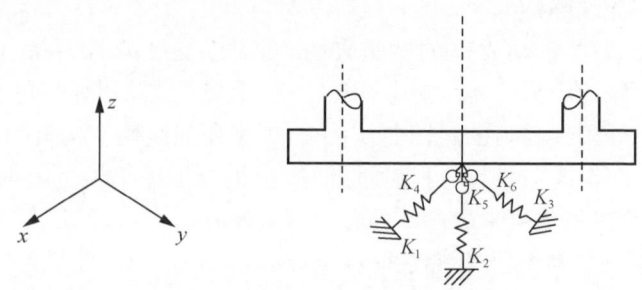

注:K_1,K_2,K_3 分别为 x,y,z 方向上的平动弹簧,K_4,K_5,K_6 分别为 x,y,z 方向的转动弹簧。

图 6-6　考虑桩-土共同作用边界单元

另外,现行行业标准《公路桥涵地基与基础设计规范》JTG 3363 中的 m 值适用于基础在地面处位移最大值不超过 6 mm 的情况,但在罕遇地震下,基础在地面处的位移很容易超过这个限制。在桥梁抗震设计中,桩基础作为能力保护构件设计,仅要求进行强度验算,不对地面处的地震位移最大值进行限制。不过,当地面处基础位移较大时,建议考虑对浅层土 m 值进行适当折减。

6.2.8　该条引自美国 AASHTO 桥梁抗震设计规范(2011)。当桥墩长细比较大时,需考虑 $P-\Delta$ 效应。而当 E2 地震下恒载产生的附加弯矩小于塑性铰区截面抗弯强度的 0.25 倍时,可不考虑 $P-\Delta$ 效应。公式(6.2.8)中的 Δ_r,悬臂墩为 E2 地震下墩顶到墩底的水平位移,框架墩则为墩柱反弯点相对于墩顶或墩底的水平位移。

如果墩柱不满足上述要求,一般建议考虑修改设计,通过增大塑性铰区抗弯强度或调整桥梁动力特性或减小恒载轴力,使墩柱满足上述要求。否则,为考虑 $P-\Delta$ 效应对桥梁地震反应的影响,需模拟塑性铰区截面的弹塑性性能,进行复杂的非线性时程分析。

6.3 反应谱法

6.3.1~6.3.3 自 1943 年美国 M. Biot 提出反应谱的概念,以及 1948 年美国 G. W. Housner 提出基于反应谱理论的动力法以来,反应谱分析方法在结构抗震领域得到不断完善与发展,并在工程实践中得到广泛应用。国内外许多专家学者对反应谱法进行了大量研究,并提出了多种振型组合方法。其中,最简单而又最普遍采用的是 SRSS(Square Root of Sum of Squares)法,该法对于频率分离较好的平面结构具有很好的精度,但对于频率密集的空间结构,由于忽略了各振型间的耦合项,故时常过高或过低地估计了结构的反应。1969 年,Rosenblueth 和 Elorduy 提出了 DSC(Double Sum Combination)法来考虑振型间的耦合项影响,之后 Humar 和 Gupta 又对 DSC 法进行了修正与完善。1981 年,E. L. Wilson 等人把地面运动视为一宽带、高斯平稳过程,根据随机过程理论导出了线性多自由度体系的振型组合规则——CQC(Complete Quadratic Combination)法,较好地考虑了频率接近时的振型相关性,克服了 SRSS 法的不足。

6.4 时程分析法

6.4.1,6.4.2 一组时程分析结果只是结构随机响应的一个样本,不能反映结构响应的统计特性,因此,需要对多个样本的分析结果进行统计才能得到可靠的结果。现行行业标准《城市桥梁抗震设计规范》CJJ 166 和《公路桥梁抗震设计规范》JTG/T 2231—01 要求采用 3 条或 7 组时程进行地震反应分析,本标准选用更为合理但工作量稍大的 7 组时程要求进行地震反应分析。

6.4.3 时程分析的计算结果取决于所选取的地震动加速度时程和阻尼参数,如地震动输入选择不好,或者瑞利阻尼的两阶控制频率选取不恰当,均可能导致计算结果出现问题。因此,基于同一个线弹性计算模型,时程分析的计算结果应与反应谱法计算结果相互校核,以保证所选取的地震加速度时程和反应谱一致,阻尼参数选择合理。

6.5 规则桥梁抗震分析

6.5.1 规则桥梁的地震反应以一阶振型为主,因此可采用本标准建议的各种简化计算公式进行分析。

6.5.2 在确定简支梁桥的基本周期和地震作用时,可按单墩模型考虑。对于墩身不高的简支梁,在确定地震作用时一般只考虑一阶振型,而将高阶振型贡献略去不计。考虑到墩身在横桥向和纵桥向的刚度不同,在计算时两个方向分别采用不同的振型。在确定了振型曲线 X_{1i} 之后(一般采用静力挠曲线),可应用能量法或代替质量法将墩身各分段重量核算到墩顶上。这样,在确定基本周期时,仍可简化为单质点处理,避免了多质点体系基本周期计算繁杂的缺点。

6.5.3 连续梁桥纵桥向一般只设一个固定支座,其余均为活动支座,因此纵桥向地震作用下结构地震反应可简化为单墩模型计算,但应考虑各活动支座的摩擦效应。

6.5.4 对全联均采用板式橡胶支座的梁式桥,首先采用静力方法,计算出结构考虑板式橡胶支座、墩柱和基础刚度的纵桥向静力等效水平刚度,在此基础上简化为单墩模型,计算出梁体质点所承受的纵桥向地震惯性力,然后采用静力法计算梁体惯性力产生的下部结构内力和变形。

6.5.5 一般情况下,梁式桥梁上部结构和桥墩之间在横桥向采用刚性约束,对于规则连续梁和连续刚架桥,主要是第一阶横向振型起主要贡献,因此可简化为单自由度模型计算。在横向模型简化时,本标准考虑相邻联的边界效应,采用静力方法计算横桥向水平等效刚度,利用单振型反应谱方法计算梁体横向地震惯性水平力,然后采用静力法计算梁体横向惯性水平力产生的下部结构的内力和变形。

6.5.6 在地震下,如果相邻联(跨)间相对位移过大会引起相邻主梁碰撞,因此需要计算最大纵向相对位移。而规则桥梁如果采用单自由度体系简化计算,则无法直接得到相邻联(跨)间的最大纵向相对位移,只能根据相邻两联的最大主梁位移进行简化计算,计算方法主要有 ABS 法、SRSS 法和 DDC 法,计算公式如下:

$$D_{ABS} = |D_1| + |D_2| \tag{6-6}$$

$$D_{SRSS} = \sqrt{D_1^2 + D_2^2} \tag{6-7}$$

$$D_{DDC} = \sqrt{D_1^2 + D_2^2 - 2r|D_1||D_2|} \tag{6-8}$$

其中,D_1 和 D_2 为相邻结构 1 和 2 的绝对最大位移反应,可由单自由度体系的位移谱得到。ABS 法中相对位移估计值等于单独结构的最大位移的绝对值相加,SRSS 法为相应位移的平方和开根号,DDC(Double Difference Combination)法中考虑结构振动的相关性,系数 r 为相关系数,其含义与振型叠加的 CQC 法中的相关系数相同,因此该法也叫 CQC 法。

三种方法中,ABS 法估计的相对位移最大,DDC 法最小。同济大学桥梁抗震研究室建立了一系列多联桥梁模型,采用时程分析法对三种计算方法进行了比较分析,结果表明,DDC 法能较合理的估计联(跨)间的相对位移。

6.6 能力保护构件计算

6.6.1 为了保证墩柱(延性构件)在大震下能够充分发挥延性能

力,就必须确保墩柱不发生脆性的破坏模式,并保证脆性构件和不宜用于耗能的构件处于弹性反应范围。钢筋混凝土墩柱的剪切破坏属于脆性破坏,会大大降低结构的延性能力,是一种危险的破坏模式;桥墩基础是桥梁结构最主要的受力构件,地震作用下,如发生损伤,不但很难检查,也很难修复;桥梁支座若在地震中发生损伤或破坏,虽然震后可以维修和替换,但会改变传力途径,无法维持延性抗震体系的性能;而桥墩盖梁和连续刚构桥主梁如发生塑性变形,会严重影响桥梁的竖向承载能力。因此,将墩柱抗剪、桥墩盖梁和基础、支座、主梁均列为能力保护构件,根据能力设计思想,要求其强度比延性构件强度高一等级。从大量震害和试验结果的观察发现,墩柱的实际抗弯承载能力要大于其设计承载能力,这种现象称为墩柱抗弯超强现象(Overstrength)。引起墩柱抗弯超强的原因很多,但最主要的原因是钢筋在屈服后的极限强度比其屈服强度大,而钢筋实际屈服强度也可能比设计强度大。根据能力设计方法,能力保护构件的地震需求(剪力、弯矩设计值),应根据墩柱塑性区截面可能达到的最大抗弯承载能力进行计算,即取与墩柱塑性铰区域截面超强弯矩所对应的弯矩和剪力值。

6.6.2 各国规范均采用抗弯超强系数 φ^0 来考虑墩柱超强现象,但超强系数 φ^0 的取值差异较大。对钢筋混凝土结构,欧洲桥梁抗震设计规范(Eurocode 8: Part2, 2005)中 φ^0 取值为1.375,美国AASHTO桥梁抗震设计规范(2011)取值为1.25,而美国CALTRANS抗震设计规范(Version 2.0, 2019)取值为1.2。同济大学结合我国现行行业标准《公路钢筋混凝土及预应力混凝土桥涵设计规范》JTG 3362对超强系数的取值也进行了研究,结果表明:当轴压比大于0.2时,超强系数随轴压比的增加而增加;当轴压比小于0.2时,超强系数在1.1~1.3之间。这里建议 φ^0 取1.2。抗弯强度计算时,轴力按恒载与地震轴力的最不利组合进行取值。

6.6.3 在 E2 地震作用下,截面尺寸较大的桥墩可能不会发生屈服或轻微进入塑性状态(塑性铰区抗弯能力需求比大于0.83),如果按能力保护方法计算,要采用超强系数1.2,就会导致按能力保护方法的计算结果大于 E2 地震作用下的弹性反应,这样过于保守。这种情况下,可直接采用 E2 地震作用下的弹性反应。

6.6.4 对于双柱墩和多柱墩,在横桥向地震作用下,墩柱中将产生较大的动轴力,而墩柱轴力的变化会引起钢筋混凝土墩柱抗弯承载力的改变,因此,需通过迭代计算出各墩柱塑性区域截面的超强弯矩。

6.6.6、6.6.7 双柱墩和多柱墩桥梁,横桥向地震作用下,钢筋混凝土墩柱作为延性构件产生弹塑性变形耗散地震能量,而盖梁、基础等作为能力保护构件,应保持弹性。因此,应采用能力保护设计方法进行盖梁的设计。根据能力保护设计方法,盖梁的抗弯强度应大于盖梁可能在地震中承受的最大、最小弯矩(对应于墩柱塑性铰处截面可能达到的正、负弯矩承载能力)。进行盖梁验算时,首先要计算出盖梁可能承受的最大、最小弯矩作为设计弯矩,然后进行验算。

6.6.8 由于在地震过程中,如基础发生损伤,难以发现并且维修困难,因此要求采用能力保护设计方法进行基础计算和设计,以保证基础在达到它预期的强度之前,墩柱已超过其弹性反应范围。梁式桥基础沿横桥向、纵桥向的弯矩、剪力和轴力设计值应根据墩柱底部可能出现塑性铰处的弯矩承载能力(考虑超强系数 φ^0)、剪力设计值和相应的墩柱轴力来计算。

6.6.9 对于非液化土中低桩承台基础,考虑到很多承台尺寸较大,当回填土质量有保证时,其侧面被动区土体对群桩基础整体水平抗力的影响不可忽略。因此,本标准借鉴现行上海市工程建设规范《建筑抗震设计标准》DG/TJ 08—9 和《地基基础设计标准》DGJ 08—11,在桩基水平抗力验算时,适当计入被动区土压力的影响,但不考虑承台底面与地基土之间的摩阻力。承台侧土体的水平抗力可取被动土压力值的 1/3。

6.6.10 同济大学桥梁抗震研究室对高桩承台基础桥梁进行了系统的抗震分析,结果表明,采用高桩承台群桩基础的梁式桥,当桥墩底屈服之后,桥墩切线抗推刚度远小于基础抗推刚度,甚至可以假设为 0 时,此时上部结构对承台的约束作用非常小,可理想地认为承台系统单独振动,其地震惯性力可以采用单振型反应谱简化计算,计算简化模型见图 6-7。

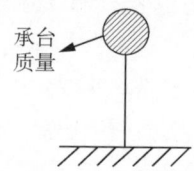

图 6-7 高桩承台群桩基础承台惯性力计算简化模型

6.7 桥 台

6.7.1 一般情况下,桥台不参与抵抗梁体地震惯性力,桥台只承担自重产生的惯性力,而且上海的桥台普遍埋在土里,可以假定其地震加速度与土面一致,采用静力法简化计算。

6.7.2 如果桥台上设置固定支座,并且要求 E2 地震下固定支座正常工作,则桥台是抗震体系的一部分,参与抵抗梁体地震惯性力。此时,需要考虑土-桥台的动力相互作用,以及桥台与桥梁结构的耦联作用,进行地震反应分析和抗震验算。

7 抗震验算

7.1 一般规定

7.1.1 大量桥梁震害和桥梁抗震分析表明,地震作用下桥墩、桥台、基础、支座及连续刚构桥梁体等是地震易损部位,因此这些部位应进行抗震验算。

7.2 E1地震作用下抗震验算

7.2.2 抗震设防类别为丁类的桥梁仅需进行 E1 地震作用下的抗震验算,但对于支座,如只进行 E1 地震作用下的验算,在更大地震作用下容易发生破坏甚至落梁。因此,对于支座,需考虑适当的安全储备。为简化计算,在进行该类桥梁的支座抗震验算时,虽然只进行 E1 地震作用下的地震反应分析,但采用一个支座调整系数 α_d 来考虑更大的地震作用效应,根据现行行业标准《城市桥梁抗震设计规范》CJJ 166, $\alpha_d=2.3$。根据相关试验结果,支座动摩阻系数调整如下:橡胶支座与混凝土表面采用 0.25,与钢板采用 0.20;取值与现行行业标准《公路桥梁抗震设计规范》JTG/T 2231—01 相同。

如板式橡胶支座的抗滑性和固定支座水平抗震能力不满足本条的要求时,应采用本标准第 3.4.5 条和第 3.4.6 条的规定。

7.2.3 本标准表 3.1.2 规定,在 E1 地震作用下,各类桥梁均要求震后正常使用,而伸缩缝破坏会影响桥梁的正常使用功能。因此,本条要求伸缩缝在 E1 地震下保持正常功能,增加桥梁伸缩缝的验算要求。

7.3 E2地震作用下抗震验算

7.3.1 E2地震作用下,延性构件可进入塑性工作状态,因此主要验算其极限变形能力是否满足要求。对采用非线性时程分析法进行地震反应分析的桥梁,可直接得到塑性铰区域的塑性转角,因此可直接验算塑性铰区域的转动能力。对于矮墩,一般不作为延性构件设计,因此需要验算抗弯和抗剪强度。需要说明的是,桥墩的高宽比应取桥墩计算长度与截面计算方向的尺寸之比。

7.3.2 地震作用下,矮墩的主要破坏模式为剪切破坏,为脆性破坏,没有延性。因此,E2地震作用效应和永久荷载效应组合后,应按现行行业标准《公路钢筋混凝土及预应力混凝土桥涵设计规范》JTG 3362的相关规定验算桥墩的强度,考虑到E2地震是偶遇荷载,可采用材料强度标准值进行计算。

7.3.3 大量理论和试验研究表明:地震作用下,当结构自振周期较长时,采用弹性方法计算出的弹性位移与采用非线性方法计算出的弹塑性位移基本相等,即等位移原理;但当结构周期比较短时,需对弹性位移进行修正才能代表弹塑性位移。本条直接引用美国AASHTO桥梁抗震设计规范(2019)的相关规定。

7.3.4 为了保证罕遇地震作用下,梁式桥墩柱具有足够的变形能力而不发生倒塌,应验算墩柱位移能力或塑性铰区域的塑性转动能力。

7.3.5,7.3.6 悬臂墩的曲率分布如图7-1所示,塑性铰的长度为L_p,ϕ_y、ϕ_u分别为墩底塑性铰区截面的屈服曲率和极限曲率,则塑性铰的容许塑性转角为

$$\theta_u = (\phi_u - \phi_y)L_p/K_{ds} \qquad (7-1)$$

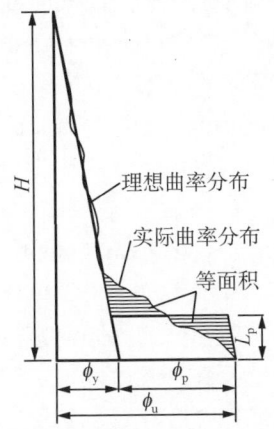

图 7-1 悬臂墩曲率分布模式

式(7-1)中,K_{ds} 为延性安全系数。本标准根据表 3.1.2 规定的抗震设防目标,并参考美国 CALTRANS 抗震设计规范(Version 2.0,2019)及其引用的试验结果,针对抗震设防类别为乙类、丙类的桥梁,延性安全系数分别取 3.0 和 2.3,具体确定过程参见条文说明 3.1.2。

等效塑性铰长度 L_p 同塑性变形的发展和极限压应变有很大的关系,由于试验结果离散性较大,目前主要用经验公式来确定。现行行业标准《公路桥梁抗震设计规范》JTG/T 2231—01 中,等效塑性铰长度 L_p 采用下述经验公式(7-2)和公式(7-3)所得结果的小值,而现行行业标准《城市桥梁抗震设计规范》CJJ 166 采用公式(7-2)计算等效塑性铰长度 L_p。

$$L_{p1} = 0.08L + 0.022 f_y d_s \geqslant 0.044 f_y d_s \tag{7-2}$$

$$L_{p2} = \frac{2}{3} b \tag{7-3}$$

式中：L —— 悬臂墩的高度或塑性铰截面到反弯点的距离(m)；
  f_y —— 纵向钢筋抗拉强度标准值(MPa)；
  d_s —— 纵向钢筋直径(m)；
  b —— 矩形截面的短边尺寸或圆形截面的直径(m)；
  h —— 截面高度(m)。

同济大学桥梁抗震研究室基于美国 PEER 结构性能数据库中 133 个钢筋混凝土墩柱的拟静力试验，分别按照经验公式(7-2)和(7-3)预测了各墩柱试件的等效塑性铰长度，并与试验结果进行了比较。等效塑性铰长度的预测结果 $L_{p,pre}$ 与试验结果 $L_{p,test}$ 的对比如图 7-2 所示。公式(7-2)的平均计算结果与试验结果吻合较好，而公式(7-3)的结果总体而言偏小。考虑到等效塑性铰长度仅用于罕遇地震下的变形验算，不宜过于保守，因此本标准采用公式(7-2)计算等效塑性铰长度。

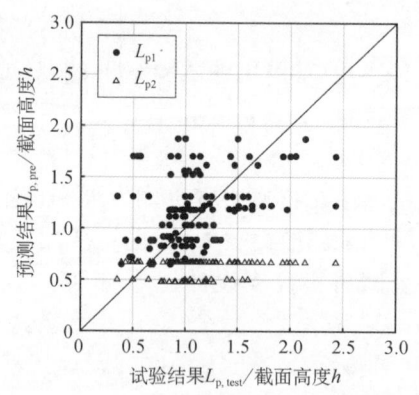

图 7-2　等效塑性铰长度计算公式验证

对于悬臂墩，相应于塑性铰区域的塑性转动能力 θ_u 时墩顶的塑性位移为

$$\Delta_\theta = \left(H_p - \frac{L_p}{2}\right) \times \theta_u \qquad (7-4)$$

而相应于塑性铰区域屈服时的位移为

$$\Delta_y = \frac{1}{3} H_p^2 \times \phi_y \qquad (7-5)$$

由以上两式可得单柱墩墩顶相应于塑性铰区域达到塑性转动能力时的位移能力为

$$\Delta_u = \frac{1}{3} H_p^2 \times \phi_y + \left(H_p - \frac{L_p}{2}\right) \times \theta_u \qquad (7-6)$$

7.3.7 对于双柱框架墩和排架墩的横桥向容许位移,很难根据塑性铰转动能力直接给出准确的计算公式,因此需要建立弹塑性有限元模型,采用推倒分析方法计算。计算模型应能真实模拟墩柱的弹塑性性能,不仅应选择合适的弹塑性单元,还应对单元划分长度进行比选,否则会影响计算结果。

7.3.8 根据本标准第 7.3.7 条,采用推倒分析方法确定双柱框架墩和排架墩的容许位移时,需正确模拟塑性铰的弹塑性力学特性,对于工程师来说较为困难。因此,本标准基于同济大学抗震研究室的研究成果,按照图 7-3 的曲率分布模式,给出了双柱框架墩位移能力的简化计算公式,用于双柱框架墩容许位移估算。在 E2 地震下的桥墩位移验算中,可先采用这一公式计算位移能力,如位移能力较为安全,可不必进行复杂的推倒分析。

需要强调的是,框架墩的墩柱在横向地震下会承受较大的动轴力,而轴力水平对截面的极限曲率影响很大。考虑到框架墩的极限状态通常由受压墩柱塑性铰区截面的极限曲率控制,因此在计算塑性铰区的最大容许塑性转角 θ_u 时,截面轴力按最不利考虑,即恒载轴力和最大动轴力之和。

7.3.9 钢筋混凝土延性构件的塑性抗弯能力可以根据材料的特性,通过截面的弯矩-曲率(M-ϕ)分析来得到,截面的弯矩-曲率(M-ϕ)关系曲线可采用条带法(图 7-4)计算,其基本假定为

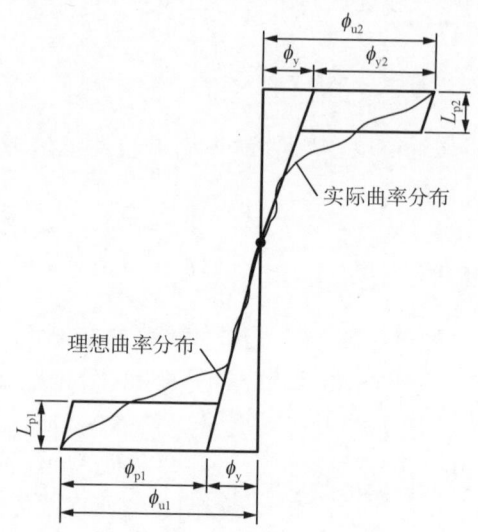

图 7-3 双柱框架墩墩柱曲率分布模式

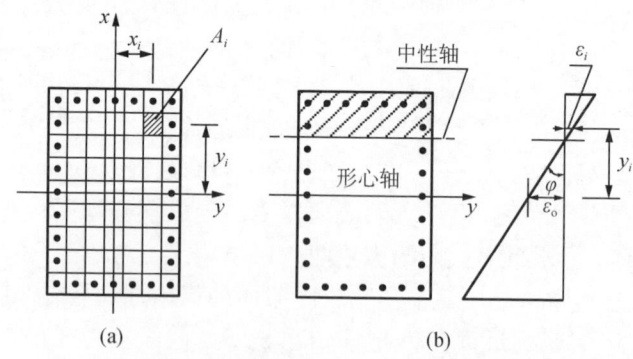

图 7-4 截面弯矩曲率分析计算简图

1) 平截面假定；
2) 剪切应变的影响忽略不计；
3) 钢筋和混凝土之间无滑移现象；

4) 采用钢筋和混凝土的应力-应变关系。

用条带法求弯矩-曲率($M-\phi$)关系时有两种方法,即逐级加荷载法和逐级加变形法。逐级加荷载法的主要问题是每改变一次荷载,截面曲率和应变都要同时改变,而且加载到最大弯矩之后,曲线进入下降段,很难确定相应的曲率和应变。因此,一般采用逐级加变形法。

对于约束混凝土的特性,国内外学者进行了很多试验研究并提出了相应的应力-应变关系模式。其中,得到广泛认可的是Mander等人提出的约束混凝土的应力-应变曲线,适用于任何截面形状和约束水平,并可用下式表示：

$$f_c = \frac{f_{c,ck} \cdot x \cdot r}{r - 1 + x^r} \tag{7-7}$$

式中,$f_{c,ck}$是约束混凝土的峰值抗压强度。

$$x = \varepsilon_c / \varepsilon_{cc} \tag{7-8}$$

式中,ε_c 为混凝土的纵向压应变,ε_{cc} 为相应于 $f_{c,ck}$ 的压应变。

$$\varepsilon_{cc} = \varepsilon_{co}[1 + 5(f_{c,ck}/f_{ck} - 1)] \tag{7-9}$$

式中,f_{ck},ε_{co} 分别为无约束混凝土的圆柱体抗压强度及相应的纵向压应变(一般取 0.002)。

$$r = E_c / (E_c - E_{sec}) \tag{7-10}$$

式中,E_c 为混凝土弹性模量,可根据现行行业标准《公路钢筋混凝土及预应力混凝土桥涵设计规范》JTG 3362 确定,$E_{sec} = f_{c,ck}/\varepsilon_{cc}$。

为了定义保护层混凝土的应力-应变关系,假定 $|\varepsilon| > |2\varepsilon_{co}|$ 时 $f_c \to 0$,应变达到碎裂应变 ε_{sp}。约束混凝土的峰值纵

压应力 $f_{c,ck}$ 分两种情况计算：
- 圆形截面

$$f_{c,ck} = f_{ck} \cdot \left(2.254\sqrt{1 + \frac{7.94f_1}{f_{ck}}} - 2\frac{f_1}{f_{ck}} - 1.254\right)$$

(7-11)

式中，f_1 为有效横向约束应力。

$$f_1 = K_e \cdot \frac{2f_{yh} \cdot A_{sp}}{D' \cdot s}$$

(7-12)

其中，K_e 为截面的有效约束系数，是有效约束核心混凝土面积与核心混凝土总面积之比，圆形截面一般可取 0.95；f_{yh}，A_{sp} 分别为圆形或螺旋箍筋的屈服强度和截面积；D'，s 分别是圆形或螺旋箍筋环的直径和纵向间距。

- 矩形截面

矩形截面约束混凝土名义抗压强度 $f_{c,ck}$ 可利用图 7-5 约束应力比与约束强度比的关系曲线确定。根据两个主轴方向有效约束应力比（f_{lx}/f_{ck}、f_{ly}/f_{ck}）确定 $f_{c,ck}$ 与 f_{ck} 的比值，从而计算 $f_{c,ck}$。

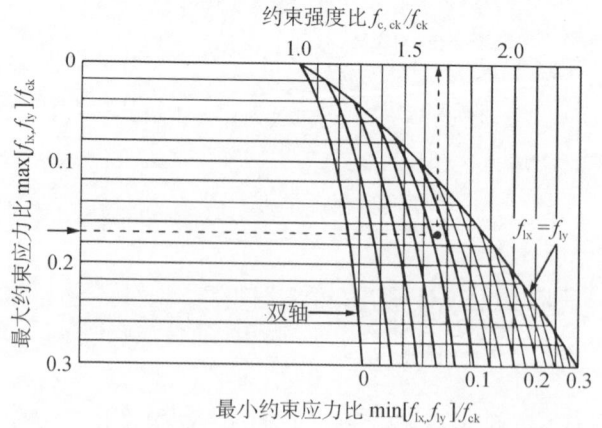

图 7-5　矩形截面约束应力比与约束强度比的关系曲线

矩形截面在两个主轴方向的有效约束应力分别为

$$f_{lx} = K_e \cdot \rho_x \cdot f_{yh} \quad f_{ly} = K_e \cdot \rho_y \cdot f_{yh} \quad (7-13)$$

式中，$\rho_x = \dfrac{A_{sx}}{s \cdot d_c}$，$\rho_y = \dfrac{A_{sy}}{s \cdot b_c}$ 分别为箍筋在两个主轴方向 x，y 的体积配箍率；A_{sx}，A_{sy} 分别为沿 x，y 方向箍筋的总截面积；s 为箍筋间距；d_c，b_c 分别为截面 y，x 方向的核心混凝土尺寸，按周边箍筋中心线计算；截面的有效约束系数 K_e，一般矩形截面可取 0.75，狭长矩形截面可取 0.6。

约束混凝土的极限压应变 ε_{cu} 定义为横向约束箍筋开始发生断裂时的混凝土压应变，可由横向约束钢筋达到最大应力时所释放的总应变能与混凝土由于横向钢筋的约束作用而吸收的能量相等的条件进行推导。Mander 给出的混凝土极限压应变的保守估计为：

$$\varepsilon_{cu} = 0.004 + \dfrac{1.4\rho_s \cdot f_{kh} \cdot \varepsilon_{su}^R}{f_{c,ck}} \quad (7-14)$$

钢筋的屈后硬化率 b_s 定义为钢筋的双线性本构中屈服后弹性模量与屈服前弹性模量的比值。对工程常用的钢筋型号的屈后硬化率进行了估算，见表 7-1。表中屈服强度标准值、极限强度标准值、弹性模量取自国家标准《混凝土结构设计规范》GB 50010—2010（2015 年版），而极限应变取本标准规定的地震下钢筋折减极限应变 0.1。由表 7-1 可见，b_s 绝大多数为 0.007，故本标准推荐 b_s 采用 0.007。

表 7-1 工程常用钢筋的屈后硬化率

钢筋型号	屈服强度标准值(MPa)	极限强度标准(MPa)	弹性模量(GPa)	极限应变	硬化率
HRB335	335	455	200	0.1	0.006
HRB400	400	540	200	0.1	0.007

续表7-1

钢筋型号	屈服强度标准值(MPa)	极限强度标准(MPa)	弹性模量(GPa)	极限应变	硬化率
HRBF400	400	540	200	0.1	0.007
RRB400	400	540	200	0.1	0.007
HRB500	500	630	200	0.1	0.007
HRBF500	500	630	200	0.1	0.007

7.3.11 桥梁相邻结构间的碰撞,包括伸缩缝处梁与梁、梁与墩台间的碰撞在历次大地震中并不少见。碰撞效应会对桥梁结构造成损伤,影响桥梁的使用功能,而碰撞效应又难以准确模拟。因此,本标准增加 E2 地震作用下的梁缝间距验算要求,并考虑安全系数 1.2,以避免梁与梁、梁与墩台间的碰撞。

7.4 能力保护构件验算

7.4.2 地震中大量钢筋混凝土墩柱的剪切破坏表明:在墩柱塑性铰区域由于弯曲延性增加会使混凝土所提供的抗剪强度降低。为此,世界各国对墩柱塑性铰区域的抗剪强度进行了研究,美国混凝土协会规范(ACI-319-89,1989)要求在端部塑性铰区域当轴压比小于 0.05 时,不考虑混凝土的抗剪能力,新西兰混凝土设计规范(NZS 3101,2006)中规定当轴压比小于 0.1 时,不考虑混凝土的抗剪能力。而我国《公路工程抗震设计规范》JTJ 004—89 没有对地震荷载作用下的钢筋混凝土墩柱抗剪设计作出规定,工程设计中缺乏必要的依据,只能采用斜截面强度设计公式来进行计算,存在较大缺陷。

本条采用美国 AASHTO 桥梁抗震设计规范(2011)的抗剪计算公式。其中,抗剪强度折减系数在 CALSTRANS 抗震设计规范(Version 1.3,2004)和 AASHTO 桥梁抗震设计规范(2007)取 0.85,在 AASHTO 桥梁抗震设计规范(2011)中取 0.9。

公式中的各项系数按中美有关材料强度的换算关系和材料分项系数进行了换算，其中混凝土标准圆柱体抗压强度与标准棱柱体抗压强度之比取 1.05。根据现行行业标准《公路钢筋混凝土及预应力混凝土桥涵设计规范》JTG 3362，混凝土设计强度的分项系数取 1.45，钢筋设计强度的分项系数取 1.2。

7.4.3 桥梁基础作为能力保护构件，要求其在 E2 地震作用下基本不发生损伤，可参照现行行业标准《公路桥涵地基与基础设计规范》JTG 3363 的相关规定进行验算。考虑到 E2 地震为重现期 2 475 年的罕遇地震且抗震验算按最不利组合进行强度验算，因此可充分利用基础的承载力。

在进行单桩竖向承载力验算时，可采用本标准第 4.4 节中的调整系数来提高单桩承载力。

在进行桩身最不利截面抗弯强度验算时，可充分利用截面强度，采用基于材料强度标准值计算得到的截面屈服弯矩，即强度标准值。

对于高桩承台基础，桩身最大弯矩往往位于桩顶，这种情况下，考虑到桩顶损伤相对于土面下桩身损伤更易于检查和修复，因此可以进一步挖掘截面潜力，采用超强弯矩进行桩顶截面抗弯强度验算，即抗弯强度可提高至 1.2 倍。

7.4.5，7.4.6 如板式橡胶支座的抗滑性和固定支座水平抗震能力不满足要求，应采用本标准第 3.4.5 条和第 3.4.6 条的规定。考虑到标准的可操作性，将支座的动摩阻系数取为定值，即橡胶支座与混凝土表面的动摩阻系数采用 0.25，与钢板的动摩阻系数采用 0.20。

8 抗震构造细节设计

8.2 墩柱结构构造

8.2.1 横向钢筋在桥梁墩柱中的功能主要有以下三个方面：①用于约束塑性铰区域内混凝土，提高混凝土的抗压强度和延性；②提供抗剪能力；③防止纵向钢筋压曲。在处理横向钢筋的构造细节时需特别注意。由于表层混凝土保护层不受横向钢筋约束，在地震作用下会剥落，这层混凝土不能为横向钢筋提供锚固。因此，所有箍筋都应采用等强度焊接来闭合，或者在端部弯过纵向钢筋到混凝土核心内，角度至少为135°。

为防止纵向受压钢筋屈曲，矩形箍筋和螺旋箍筋的间距不应过大。Priestley通过分析提出，建议箍筋之间的间距满足式(8-1)要求：

$$s \leqslant \left[3 + 6\left(\frac{f_u}{f_y} - 1\right)\right] d_{bl} \quad (8-1)$$

式中，f_y 和 f_u 分别为纵向钢筋的屈服强度和极限强度；d_{bl} 为纵筋的直径。

8.2.2 各国抗震设计规范对塑性铰区域横向钢筋的最小配筋率均进行了具体规定。表 8-1 为美国 AASHTO 桥梁抗震设计规范(2011)、欧洲桥梁抗震设计规范(Eurocode 8：Part 2，2005)及我国《建筑抗震设计规范》GB 50011 等对横向钢筋最小配筋率的具体规定。同济大学通过大量的试验和分析，结合我国的实际情况，对横向钢筋最小配筋率进行了研究，并提出了相应的计算公式(8-2)及公式(8-3)。

1 圆形截面

$$\rho_{smin} = [0.14\eta_k + 5.84(\eta_k - 0.1)(\rho_t - 0.01) +$$

$$0.028]\frac{f_{ck}}{f_{hk}} \geqslant 0.004 \qquad (8-2)$$

2 矩形截面

$$\rho_{smin} = [0.1\eta_k + 4.17(\eta_k - 0.1)(\rho_t - 0.01) +$$

$$0.02]\frac{f_{ck}}{f_{hk}} \geqslant 0.004 \qquad (8-3)$$

若假定钢筋混凝土墩柱为矩形截面，混凝土的强度等级为C30，箍筋的屈服应力为240 MPa，保护层混凝土厚度与截面尺寸之比为1/20，则各国规范规定的最小配筋率和轴压比的关系见图8-1。

表8-1 各国规范对横向构造的规定

规范	螺旋箍筋或圆形箍筋	矩形箍筋
美国 AASHTO 桥梁抗震设计规范(2011)	$\rho_v = 0.45 \dfrac{f'_c}{f_{yh}}\left[\left(\dfrac{A_g}{A_{he}}\right) - 1\right]$ 或 $\rho_v = 0.12 \dfrac{f'_c}{f_{yh}}$	$\rho_s = 0.3 \dfrac{f'_c}{f_{yh}}\left[\left(\dfrac{A_g}{A_{he}}\right) - 1\right]$ 或 $\rho_s = 0.12 \dfrac{f'_c}{f_{yh}}$
欧洲桥梁抗震设计规范（Eurocode 8：Part 2，2005）	$\omega_{wd} \geqslant 1.90(0.15 + 0.01\mu_\varphi)$ $\dfrac{A_g}{A_{he}}(\eta_k - 0.08)$ 或 $\omega_{wd} \geqslant 0.18$	$\omega_{wd} \geqslant 1.30(0.15 + 0.01\mu_\varphi)$ $\dfrac{A_g}{A_{he}}(\eta_k - 0.08)$ 或 $\omega_{wd} \geqslant 0.12$
《公路工程抗震设计规范》JTJ 004—1989	—	纵桥向和横桥向含箍率 $\rho_s = 0.3\%$
《建筑抗震设计规范》GB 50011—2010	$\rho_v = \lambda_v \dfrac{f'_c}{f_{yh}}$	$\rho_v = \lambda_v \dfrac{f'_c}{f_{yh}}$

注：A_g、A_{he} 分别为墩柱横截面的面积和核心混凝土面积(按箍筋外围边长计算)；f'_c 为混凝土强度；f_{yh} 箍筋抗拉强度设计值；ρ_s 对于矩形截面为截面计算方向的含箍率，对于圆形截面为截面螺旋箍筋的体积配箍率；λ_v 为最小配箍特征值；ω_{wd} 为力学含箍率，$\omega_{wd} = \rho_s \dfrac{f'_c}{f_{yh}}$；$\mu_\varphi$ 为截面曲率延性；η_k 为截面轴压比。

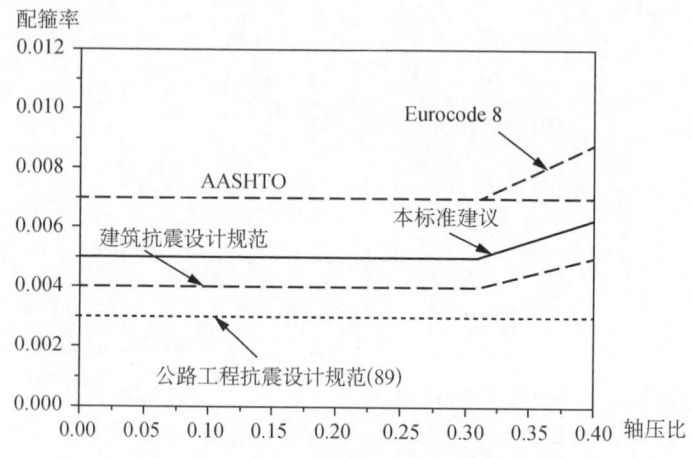

图 8-1 最小配箍率比较示意图

基于韧性城市的建设理念,应重视震后的桥梁通行功能,因此适当提高横向钢筋的最小配筋率,塑性铰区域内加密箍筋的最小含箍率为 0.005,同时要求箍筋直径不小于 12 mm。

8.2.4 试验研究表明:沿截面布置若干适当分布的纵筋,纵筋和箍筋形成一整体骨架(图 8-2),当混凝土纵向受压、横向膨胀时,纵向钢筋也会受到混凝土的压力,这时箍筋给予纵向钢筋约束作用。因此,为了确保对核心混凝土的约束作用,墩柱的纵向配筋宜对称配筋,纵向钢筋之间的距离不宜超过 200 mm。

纵向钢筋对约束混凝土墩柱的延性有较大影响,因此,延性墩柱中纵向钢筋含量不能太低。招商局重庆交通科研设计院有限公司通过理论计算和试验研究表明,如果纵向钢筋含量较低,即使箍筋含量较低,墩柱也会表现出良好的延性,但结构在地震作用下对延性的需求也很大,这种情况对结构抗震是不利的。纵向钢筋含量过高会影响墩柱的延性,因此纵向钢筋的含量应设置上限。各国抗震设计规范均对墩柱的纵向最小、最大配筋率进行了规定。其中,美国 AASHTO 桥梁抗震设计规范(2011)建议的纵筋配筋率范围为 0.007～0.040；我国国家规范《建筑抗震设计规范》GB 50011—2010 建议为 0.004～0.050。这里根据我国桥梁结构的具体情况，建议墩柱纵向钢筋的配筋率范围为 0.006～0.040。

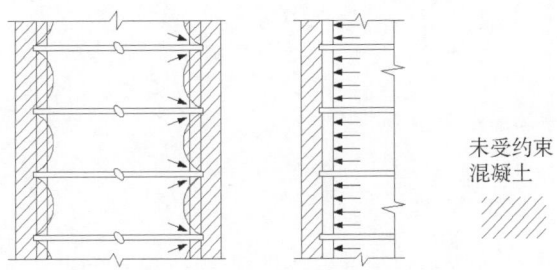

图 8-2　柱中横向和纵向钢筋的约束作用

8.2.5 螺旋形或圆形箍筋因混凝土的横向扩张而处于受拉状态，沿其周线上产生连续的约束应力。因此，螺旋形或圆形箍筋的约束效率较高。对于圆端型截面墩柱，可采用这种配箍形式提高其延性。

8.2.6 为保证在地震荷载作用下纵向钢筋不发生粘结破坏，墩柱的纵筋宜延伸至盖梁和承台的另一侧面，纵筋的锚固和搭接长度应在按现行行业标准《公路钢筋混凝土及预应力混凝土桥涵设计规范》JTG 3362 要求的基础上增加 $10d_{bl}$（d_{bl} 为纵筋的直径），不应在塑性铰区域进行纵筋的搭接。

8.3　节点构造

8.3.1 以⊢型和 T 型两种常见节点为例，给出了节点主拉应力和主压应力的计算方法。两种节点均假定为"强梁弱柱"，节点极限受力均由柱端塑性铰强度控制，⊢型节点常见为双层桥梁的下横梁与墩柱连接节点，T 型节点常见为一般的盖梁与墩柱连接节点。

8.3.2～8.3.4 历次地震震害表明,桥梁节点是地震易损部位之一,此三条引用美国AASHTO桥梁抗震设计规范(2011)的相关规定。

9 预制拼装桥墩抗震设计

9.1 一般规定

9.1.1 近年来,伴随预制拼装桥梁建造技术在上海的快速发展,多种预制拼装桥墩连接构造型式,包括灌浆套筒连接、灌浆波纹管连接、承插式连接、插槽式连接、超高性能混凝土(UHPC)连接等在实际工程得以应用。本标准在汇总上海及国内外相关预制拼装桥梁的工程实例,借鉴国内外研究成果和规范标准的基础上,结合上海的试验研究和实践经验,对上述连接构造进行了规定。

9.1.3 采用延性抗震设计的预制拼装桥墩,为满足地震作用下预期的延性抗震性能,应具有足够的延性能力,预制拼装桥墩墩身、接缝和相邻区域的力学行为应满足相应的要求。本章对拼装部位(接缝和相邻区域)给出了相应的抗震构造要求,与本标准第 8 章的墩身延性构造要求相结合,可实现预制拼装桥墩相应的延性抗震性能。同时,其墩身抗剪、盖梁和基础应采用能力保护设计,在地震作用下不发生相应的损伤。

9.2 预制拼装桥墩抗震构造设计

9.2.1 本章给出预制拼装桥墩抗震性能方面的要求,灌浆套筒连接其余要求,包括灌浆套筒、灌浆料、锚固长度、拼接缝材料和厚度等应满足现行上海市工程建设规范《预制拼装桥梁技术标准》DG/TJ 08—2160 的相关要求。

考虑到灌浆套筒连接区域墩柱截面刚度及承载力较大,灌浆套筒位于墩身潜在塑性铰区域内时,其损伤破坏模式与现浇混凝土桥墩略有不同,存在两个变形较集中的裂缝,分别出现在拼接缝处和套筒顶部附近,套筒高度范围内混凝土裂缝开展很少。因此,为确保预制立柱具有足够的延性变形能力和抗剪能力,塑性铰区域的箍筋首先应满足延性构造的要求,同时考虑到套筒存在对其塑性铰区域损伤模式的影响,避免地震作用下套筒顶端区域的裂缝宽度突变,套筒顶部以上区域的箍筋加密区宜适当增大。为保证塑性铰区域具有足够的延性、锚固可靠及抗剪能力,对箍筋加密区延伸到预制承台或盖梁内也进行了规定。

试验研究表明,灌浆套筒工厂端外露纵筋长度较短时,设置在承台或盖梁内的灌浆套筒由于粘结锚固能力不足,存在纵筋未断裂前即可能发生纵筋带灌浆套筒(纵筋相对灌浆套筒未发生相对滑移)从承台或盖梁内一起滑移或拔出。套筒距离混凝土块外缘净距为 150 mm,分别以套筒外露钢筋长度($5d$、$8d$、$10d$、$12d$ 等)为变量进行拉拔,对埋置在混凝土块中灌浆套筒拉拔试验的研究结果表明,当套筒外露钢筋长度小于 $10d$ 时套筒易产生滑移。

对于半灌浆套筒,顶部裂缝发生处恰好与半灌浆套筒上端螺纹区及过渡段相接近,该套筒应力复杂,地震作用下,该局部区域更易发生低周疲劳断裂,不利于预制拼装混凝土桥墩延性性能的发挥,因此要求塑性铰区域灌浆套筒应采用全灌浆套筒。

为确保灌浆套筒在箍筋约束下对核心混凝土形成一个可靠的约束,同时便于施工中对套筒进行整体的安装,应在灌浆连接套筒压浆口下缘处设置 1 道箍筋。为避免焊接对铸铁套筒的损伤,要求箍筋与套筒的连接采用绑扎。

9.2.2 考虑到灌浆波纹管连接预制桥墩的浇筑质量、粘结锚固可靠性及耐久性,对灌浆金属波纹管净距、主筋净保护层厚度、锚固长度和箍筋布置等进行了规定。灌浆金属波纹管直径相对较大,为确保混凝土浇筑密实,给出了金属波纹管净距的构造要求。同时,灌浆金属波纹管在混凝土中的粘结锚固能力与金属波纹管保护层厚度和净距是相关的，金属波纹管净距较小时，单根波纹管的锚固能力会受到相邻波纹管的影响，因此净距不宜小于管道直径的1倍。调研了国内外开展的灌浆波纹管粘结锚固性能试验，发现灌浆金属波纹管距离混凝土边缘的净保护层厚度多数接近或大于150 mm，混凝土材料多数基于C40及以上。因此，此处规定了150 mm净保护层厚度的要求；尚不确定在保护层厚度更小时，按目前标准中规定的金属波纹管最小锚固长度24d_s锚固是可靠的。对于混凝土承台，其材料多用C30，灌浆波纹管粘结锚固长度宜适当增加，本条给出30d_{bl}（d_{bl}为预制墩身纵筋直径）的要求。城市高架桥盖梁通常较高，纵筋伸入盖梁内仅满足灌浆波纹管粘结锚固长度就截断，可能存在不满足墩柱与盖梁节点区域传力的要求，故给出不小于盖梁高度一半的要求，且宜延伸至盖梁顶。

9.2.3 采用灌浆套筒连接或灌浆波纹管连接预制墩柱与承台时，应在承台顶面设置不小于50 mm深的凹槽，工程中常用凹槽深度为100 mm～150 mm。预制桥墩与承台拼装连接后，填充高强砂浆，实现预制墩在墩与承台连接处的拼接缝不外露，且对墩柱拼接缝处变形形成一定约束，即埋入式连接。拟静力试验研究表明这种承台部位采用埋入式拼接构造可一定程度上改善预制拼装桥墩塑性铰区域的损伤模式和抗震性能，使其抗震性能更接近现浇混凝土桥墩。承台顶面浅凹槽周围通常需布置必要的防止椎体剪切破坏（图9-1）的构造钢筋，以确保其良好的力学行为。

9.2.4 预制墩柱与桩基础承台采用承插式连接，承台内预留空洞的存在，会影响桩基承台的受力图式。为此，国内外学者开展了预制墩柱与承台采用承插式连接的抗震性能研究。一些学者的研究成果表明，为实现墩柱与承台之间的可靠传力路径及预期的力学行为，需墩柱插入深度不应小于0.7倍的墩身直径或截面长边尺寸，且墩身纵筋在孔洞内的锚固长度不应小于45d_{bl}。研究结果表明，在满足这些构造要求和承台不损伤的前提下，塑性铰出现在墩身，且损伤模式和延性性能与现浇混凝土桥墩相近。

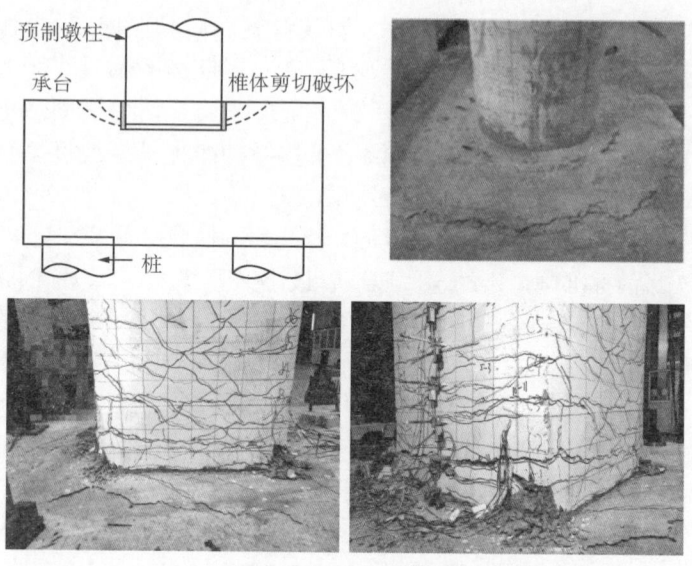

图9-1 埋入式灌浆套筒连接或灌浆波纹管连接凹槽损伤图

为避免桩基承台发生损伤及承台底的冲剪破坏等,要求预留孔洞界面设置剪力键齿或粗糙裸露骨料并布置必要的箍筋。承台预留孔洞底部厚度及配筋也需要仔细设计,避免发生损伤破坏。

9.2.5 采用插槽式连接预制墩与盖梁时,为确保连接部位不先于墩身塑性铰形成而破坏,需要满足一定的构造细节要求,包括预制墩、墩身纵筋、箍筋延伸到盖梁内的长度以及与盖梁内受力钢筋、预应力筋等布置、预留孔洞构造等。考虑到实际工程中盖梁所用混凝土材料均高于C40,因此,建议墩纵筋进入盖梁的粘结锚固长度不应小于$40d_{bl}$(d_{bl}为预制墩身纵筋直径),且宜延伸到盖梁顶,预制盖梁内的受力钢筋、预应力筋在预留孔处应避让插槽钢筋,但不得截断,确保盖梁与墩柱之间可靠的传力路径。孔洞界面宜粗糙,裸露骨料或采用大直径钢制波纹管成孔,钢制波纹管壁厚一般不小于3 mm,对孔洞区形成有效约束,避免发生粘结锚固破坏和冲剪破坏等。

9.2.6 采用超高性能混凝土(UHPC)接头连接的预制拼装桥墩，其接头部位的连接构造有多种，包括纵筋可通过挤压螺纹套筒、锥螺纹套筒或直螺纹套筒连接；或者通过带锚固板纵筋搭接、纵筋纯搭接连接，并通过后浇超高性能混凝土湿接缝实现连接；也有通过空腔扩大头内纵筋搭接，并填充超高性能混凝土实现连接。

汇总国内相关连接方式的研究成果，试验中UHPC材料强度大多高于140 MPa，纵筋搭接长度通常采用 $8d_{bl} \sim 15d_{bl}$（d_{bl} 为预制墩身纵筋直径），并设置必要的箍筋构造。研究表明，接头部位一般不发生损伤或损伤轻微，塑性铰出现在墩身接头区外，且具有良好的抗震性能。因此，本条要求采用超高性能混凝土接头的预制拼装桥墩，其接头部位应采用能力保护设计，并给出相应的构造要求，使得E2地震作用下接头部位将不发生损伤，墩身损伤和塑性铰出现在接头部位以外，其抗震性能类似于现浇混凝土桥墩。

UHPC抗压强度等级不应低于UC 140，UHPC抗拉强度等级不应低于UTⅢ，UC 140、UTⅢ参照现行上海市工程建设规范《桥梁工程超高性能混凝土应用技术标准》DG/TJ 08—2401执行。

9.3 预制拼装桥墩抗震分析和验算

9.3.1 采用灌浆套筒、灌浆波纹管、承插式、插槽式、超高性能混凝土(UHPC)连接的预制拼装桥墩，通过精心设计和良好的构造措施，其水平承载力、变形能力、刚度和耗能能力等抗震性能基本等同于传统意义的现浇混凝土桥墩，其地震响应和抗震验算可按现浇混凝土桥墩进行。对于超高性能混凝土(UHPC)连接的预制拼装桥墩，其塑性铰形成于接头区以外，因此需考虑接头区的影响。

对于更精细化的分析，可依据不同类型拼接构造出现塑性损伤的不同部位和模式，建立相应的非线性纤维单元，并引入可考虑拼接缝张开、闭合的非线性特性单元进行模拟。

预制拼装立柱抗剪验算应包含预制立柱节段自身和拼接缝

的验算,其中预制立柱节段自身的抗剪强度计算与普通现浇混凝土立柱相同。套筒布置区域的抗剪强度由于受到套筒的影响,其抗剪能力通常高于非套筒设置区域,小剪跨比试验显示,拼接缝位置不易发生直剪破坏。

9.3.2 国内外大量研究成果表明,采用灌浆套筒、灌浆波纹管、承插式、插槽式、超高性能混凝土(UHPC)连接的预制拼装桥墩,其抗震性能与现浇混凝土桥墩相近。因此,预制拼装桥墩的延性性能可参照现浇混凝土桥墩进行,仅延性安全系数根据连接方式不同进行适当的调整,即对现浇混凝土桥墩的延性安全系数 K_{ds} 进行了修正。

国内外学者关于灌浆套筒和灌浆波纹管连接的预制拼装立柱的试验结果表明,相对现浇混凝土桥墩,其延性安全系数略弱,二者比值的统计均值介于 1.1~1.25。同时发现灌浆套筒设置于承台内相比设置在墩身塑性铰区域内的抗震性能要更好一些。采用灌浆金属波纹管连接的预制拼装混凝土桥墩,其抗震性能与现浇混凝土桥墩的抗震性能相比,基本相近或略弱。

承台顶面设置浅凹槽的预制拼装桥墩(埋入式构造),且灌浆套筒或灌浆波纹管设置在承台内(图9-2),其损伤主要集中在墩身,拼接缝损伤变形轻微,其损伤模式和耗能能力与现浇混凝土基本相同。

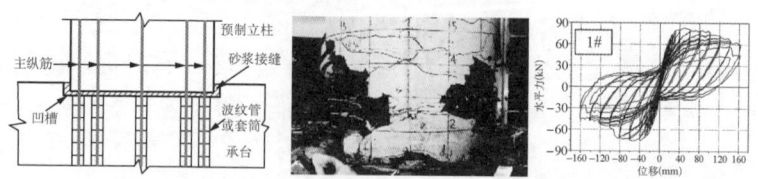

图9-2 承台顶面设置浅凹槽

对于采用承插式和插槽式连接的预制拼装桥墩,国内外相关试验研究成果表明,在接头区不发生损伤情况下,其损伤模式和耗能能力与现浇混凝土桥墩基本相同。

对于采用UHPC带扩大头连接(图9-3)或UHPC等截面连

接(图9-4),在接头区不发生损伤的情况下,其塑性铰发生于墩身扩大头或接头区顶部,即类似于墩身高度缩短,故其等效塑性铰长度计算中的悬臂柱的高度或塑性铰截面到反弯点的距离 H_p 取值应扣除连接部位高度的影响。

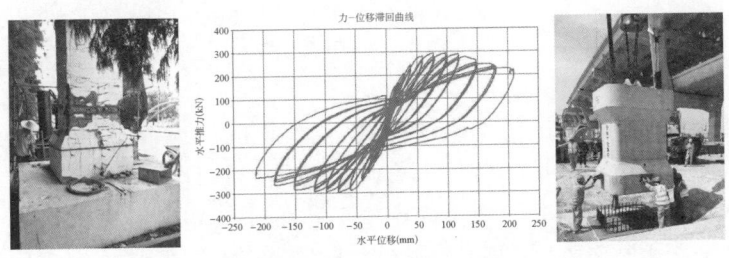

图 9-3 UHPC 带扩大头连接

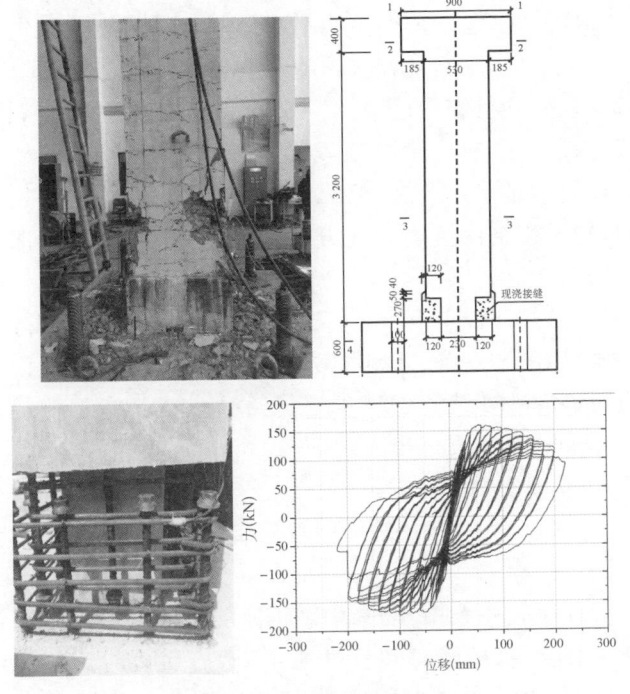

图 9-4 UHPC 等截面连接

10 桥梁减隔震设计

10.1 一般规定

10.1.1 对基础土层不稳定、易发生液化的场地、下部结构刚度小或振动周期较长的桥梁不宜采用减隔震设计。此处结构本身的基本振动周期或结构的固有周期指的是假定墩梁之间的支座约束条件均为铰接(即固定支座)进行计算得到的结构振动周期值,按此值的大小及相对反应谱中地震能量集中频段来判断。场地特征周期较长,延长周期可能引起地基与桥梁结构共振以及支座中出现较大负反力等情况,因此不宜采用减隔震技术。

10.1.2 在桥梁抗震设计中,引入减隔震技术的目的是利用减隔震装置延长结构周期、消耗地震能量,降低结构响应。桥梁减隔震设计重要的是采用合理、可靠的减隔震装置,并预留足够的位移空间,确保在结构抗震中充分发挥作用,同时也应确保其满足正常使用功能的要求。

10.1.4 根据《建设工程抗震管理条例》(中华人民共和国国务院令第744号)第十一条,采用隔震减震技术的建设工程,设计文件中应当对隔震减震装置的技术性能、检验检测、施工安装和使用维护等提出明确要求。

10.2 减隔震装置

10.2.1 减隔震桥梁中延长结构周期和耗能的主要构件是减隔震装置,因此要求减隔震装置性能可靠,震后可对这些构件进行维护更换。另外,要求减隔震装置力学特性对环境温度等不敏感,具有良好的环境适应性,对温度相对敏感的减隔震装置,应在减隔震设计中予以特殊考虑。

10.2.2 为避免减隔震装置在地震作用下发生过大的位移或安装初始缺陷导致过大的位移,尤其是对上海Ⅲ类、Ⅳ类场地,除要求提供减隔震装置的阻尼外,同时要求减隔震装置具有一定的屈后刚度并提供自恢复力,以满足抗震韧性设计理念的要求。

10.2.5 一些减隔震桥梁的震害表明,在桥梁运营期间,减隔震装置因地基基础沉降变形较大导致摩擦型支座接触面分离,减隔震装置中某些部件失效、错位、预留间隙减少或顶死,无法有效发挥减隔震性能。因此,选择减隔震体系、连接构造及设计参数时,应考虑其影响。

10.2.6 减隔震装置中剪力销的设计剪断力可根据正常运营条件下不发生相对位移所需的水平力,并考虑一定的安全储备来确定。该值不宜过于保守,以确保在预期地震作用下剪力销可剪断,减隔震支座可自由变形,以发挥减隔震功能。

10.2.7 震害表明,一些减隔震桥梁中的预埋件和连接件往往先于减隔震装置破坏,从而导致减隔震装置的性能没有得到充分发挥。基于抗震韧性设计理念,为确保预期的桥梁抗震性能及减隔震装置性能的充分发挥,应确保其预埋件、连接件不先于减隔震装置发生滑移、拔出等破坏。因此,连接件承受的地震力宜取减隔震装置极限位移(或挡块碰撞前的位移值)对应的承载力进行设计,而不是按减隔震装置在E2地震作用下的设计位移对应的承载力进行设计,从而避免连接失效影响后续减隔震装置性能的发挥。

10.2.8 减隔震装置是减隔震桥梁的关键组成部分,减隔震装置的力学特性对其减隔震性能的影响很大。因此,本标准要求各类减隔震装置通过振动台试验后方可采用。振动台试验支座的构造(含剪切销、连接构造)须与实际产品完全一致。

10.2.9 应对减隔震装置在动力荷载和静力荷载下的性能进行

试验检测,并满足相关规范、标准的要求。检测报告中应给出描述减隔震装置耗能滞回特性的全部参数,主要是根据近年来的工程实践经验,细化了减隔震装置的力学滞回曲线和骨架曲线,使减隔震装置的性能检验和计算模型选取等有据可依。

第三方检测机构应具有相应的减隔震装置检测资质和试验加载设备。第三方检测机构应根据减隔震装置的性能要求,依据相关规范、标准和设计文件,采用合理的连接和加载形式对减隔震装置的性能进行检测,给出相应的力学性能指标、曲线及质量评价。

钢阻尼器在地震作用下能否可靠发挥耗能减震作用的一个重要力学参数是进入塑性后的应力循环次数,这既与地震的持续时间相关,又与结构的基本振动周期相关。

地震过程中,钢阻尼器利用自身的塑性变形来耗散地震能量,从而保护桥梁下部结构,因此钢阻尼器会经历低周次的高塑性变形,需要考虑低周疲劳问题。同济大学桥梁抗震研究室以上海典型小箱梁桥为背景,建立了板式橡胶支座+三角形板钢阻尼器组合减震体系桥梁计算模型,并考虑结构和地震动的不确定性,计算了钢阻尼器的滞回圈数需求。计算中,地震输入采用从美国太平洋地震中心(PEER)强震库中挑选的Ⅱ、Ⅲ、Ⅴ类场地各60条实际地震动记录(加速度峰值小于 $0.4g$)。在确定钢阻尼器的滞回圈数需求时,根据耗能等效原则,将地震下钢阻尼器经历的变幅滞回圈数换算到与阻尼器设计位移对应的当量滞回圈数。经统计,钢阻尼器的当量滞回圈数近似服从对数正态分布,当量滞回圈数的均值为 3.3 圈,标准差为 1.4 圈,最大当量滞回圈数为 9.8 圈。考虑到主震后常伴随着余震,而主震后通常不能及时更换耗能钢阻尼器。为保证桥梁结构的抗震安全,将钢阻尼器的疲劳寿命需求定为 20 圈,即确保钢阻尼器遭受主震和一次同等强度余震时,无低周疲劳失效风险。

此外,同济大学桥梁抗震研究室针对三角形板钢阻尼器开展了一系列等幅荷载下的低周疲劳试验,测试结果如表10-1所示。根据试验结果,当设计位移对应的最大塑性应变小于0.04时,钢阻尼器的低周疲劳寿命大于20圈。

表10-1 不同塑性应变幅下三角形板钢阻尼器低周疲劳寿命

板底塑性应变	疲劳寿命(圈)
0.010	275
0.019	158
0.021	52
0.031	29
0.046	17
0.056	13

注:表中疲劳寿命对应钢阻尼器水平承载力下降15%。

10.3 减隔震桥梁地震反应分析

10.3.2 减隔震装置的力学参数受材料、制作等因素影响,存在一定的误差,这些参数的变化会对结构的地震响应产生相应的影响,可根据减隔震装置产品或相关规范标准给出的上、下限范围,在减隔震桥梁的地震响应分析和验算中考虑参数变化的影响,取不利参数进行设计和验算。

10.3.3 部分减隔震产品如橡胶类支座,其性能对环境温度变化非常敏感。当温度变化较大时,减隔震装置力学特性会发生一定的变化,将对结构的地震响应产生影响。为确保该类减隔震装置在地震作用下具有可靠的抗震性能,要求该类减隔震装置在设计时应分别考虑最高和最低设计温度,并按相应温度条件下的本构关系进行减隔震体系的地震内力和位移响应验算。根据上海市气象局近20年的数据,上海市的日最低平均温度3℃,日最高平均温度35℃,地震为小概率随机事件,因此温度范围取值为

5℃~30℃。其参数变化范围,可参考减隔震装置对应温度 5℃、15℃和 30℃下测试的力学参数和性能值,进行不利温度工况下的减隔震桥梁的地震响应分析和验算。

10.3.4 一般情况下,橡胶类减隔震支座、弹塑性减隔震装置和摩擦型支座等的恢复力模型可采用双线性模型代表,其主要设计参数有特征强度、屈服强度、屈服位移和屈后刚度等。根据这些参数确定的减隔震装置分析模型可用于计算减隔震桥梁在地震作用下的响应。

10.4 减隔震桥梁抗震验算

10.4.5 减隔震装置是减隔震桥梁中的重要组成部分,应对减隔震装置进行抗震验算。对于橡胶类减隔震支座,其性能验算参照了现行行业标准《城市桥梁抗震设计规范》CJJ 166 的规定。

11 大跨度桥梁抗震设计

11.1 一般规定

11.1.1 由于斜拉桥、悬索桥、单跨跨径 150 m 以上的梁桥和拱桥的复杂性及特殊性,很难给出全面完整的抗震设计规定。因此,本标准仅对普遍适用的共性要求作出规定。具体设计时,应在本标准给出的抗震设计要求的基础上,根据桥梁的自身特点进行抗震专题研究。

11.1.2 良好的抗震结构体系应能使各部分结构合理地分担地震力,对保证桥梁结构的整体抗震性能较为有利。采用对称的结构形式是有利于各部分结构合理分担地震力的一个措施。

11.1.3 斜拉桥的抗震性能受其结构体系影响非常显著。在纵向地震作用下,飘浮体系的塔柱内力反应较小,因此在地震作用较强的情况下宜优先考虑。但飘浮体系可能导致过大的主梁位移,可在塔与梁之间增设弹性约束装置或阻尼约束装置,形成塔、梁弹性约束体系或阻尼约束体系,以有效降低地震位移反应。

　　为满足正常使用状态下的横向约束要求,斜拉桥通常采用横向固定体系,但这种体系在地震作用下会在塔、墩及基础上产生很大的地震内力,因此仅适用于地震作用较小的情况。随着设防烈度的增加,通过增大截面或增加配筋来满足结构的抗震需求较为困难,有效的方法是引入合适的减隔震措施。斜拉桥边跨的主梁恒载主要由斜拉索传递给主塔,边墩和辅助墩的支座反力和基础规模均较小,但在横向地震作用下,边跨处的主梁惯性力却主要由边墩承担,导致边墩和辅助墩处的支座及基础通常成为斜拉桥的地震易损部位。当桥墩自身无法形成有效的减震机制时,宜采用减隔震设计。

自 20 世纪 80 年代特别是浦东开发以来，上海的桥梁建设发展迅速，建设了大量单跨跨径超过 150 m 的特大跨度桥梁，包括特大跨度的斜拉桥和拱桥等。因此，有必要将本标准的约束体系适用范围扩大到这些大跨度桥梁，本标准附录 C 给出了上海大跨度桥梁的各种典型约束体系。上海为软土地基，不宜建设大跨度上承式拱桥，故本标准未给出大跨度上承式拱桥的典型约束体系。

11.1.4 斜拉桥和悬索桥的墩塔及拱桥的主拱在 E2 地震作用下保持弹性，但考虑到地震的随机性，要求主塔和主拱的破坏模式具有延性。对于钢筋混凝土结构，有必要加强箍筋配置，以避免主塔和主拱发生脆性破坏，并具备一定的延性。

11.2 建模与分析原则

11.2.1 大跨度桥梁的结构体系较复杂，因此地震反应也比较复杂，如高阶振型的影响不可忽略，多点非一致激励（包括行波效应）的影响可能较大。在地震中较易遭受破坏的局部构造，其地震反应往往是由高阶振型控制的。

反应谱法概念简单、计算方便，可用较少的计算量获得结构的最大反应值。但反应谱法是线弹性分析方法，不能考虑各种非线性因素的影响，当非线性因素的影响显著时，反应谱法可能得不到正确的结果，或判断不出结构真正的薄弱部位。因此，反应谱法只能作为一种估算方法或校核手段。

国内外大多数工程抗震设计规范中均指出，对于复杂桥梁结构的地震反应分析，应采用动态时程分析法。动态时程分析法可以较精确地考虑桩-土-结构的相互作用、地震动的空间变化影响、结构的各种非线性因素（包括几何、材料、边界连接条件非线性）及分块阻尼等问题。因此，时程分析法是较精确的计算方法，但时程分析法的结果依赖于地震动输入及抗震分析时阻尼参数的选取。

时程分析的结果需要与反应谱分析结果相互校核，以保证设计地震动时程和阻尼参数选取的合理性。在地震反应分析中，确定设计地震动时程和阻尼参数后，先不考虑非线性因素，对比线性时程分析结果和反应谱分析结果，保证时程分析结果不小于反应谱分析结果的80%，之后再进行非线性时程反应分析。

11.2.2 当考虑地震动空间变化的影响采用反应谱法分析时，欧洲规范对两个水平方向和竖向分量采用与场地相关的加权平均反应谱。考虑到加权平均反应谱计算相当复杂，因此，本标准偏安全地采用包络反应谱计算。包络反应谱是各墩台水平方向或竖向反应谱曲线的上包络线。

在大跨度桥梁的地震反应中，高阶振型的影响比较显著。因此，采用反应谱法进行地震反应分析时，应充分考虑高阶振型的影响，即所计算的振型阶数应尽可能地多，并包括所有贡献较大的振型，各振型质量参与系数之和不能太低。

由于反应谱法仅能给出结构各振型反应的最大值，而丢失了与最大值相关且对振型组合非常重要的信息，如最大值发生的时间及其正负号，使得各振型最大值的组合陷入困境。对此，国内外许多专家学者进行了研究，并提出了各种振型组合方法。其中最简单且普遍采用的SRSS法，对频率分离较好的平面结构具有很好的精度，但对频率密集的空间结构，由于忽略了各振型间的耦合项，故通常过高或过低地估计了结构的反应。

1981年，E.L.Wilson等人把地面运动视为一宽带、高斯平稳过程，根据随机过程理论导出了线性多自由度体系的振型组合规则——CQC法，较好地考虑了频率接近时的振型相关性，克服了SRSS法的不足。目前，CQC法以其严密的理论推导和较好的精度在桥梁结构的反应谱分析中得到广泛的应用，并被世界各国的桥梁抗震设计规范所采用。因此，本标准建议采用较为成熟的

CQC 法进行振型组合。

11.2.3 时程分析的结果依赖于地震动输入,如地震动输入偏少,可能导致计算结果未能包络最不利地震作用。

11.2.4 结构的动力反应与结构的自振周期和地震动时程输入的频谱成分关系非常密切。大跨度桥梁大多是柔性结构,一阶振型的周期往往较长且非常重要,因此提供的地震加速度时程或反应谱曲线的频谱含量应包括第一阶自振周期在内的长周期成分。

11.2.5 桥梁结构的刚度和质量分布,以及边界连接条件决定了结构本身的动力特性。因此,在大跨径桥梁的地震反应分析中,为真实地模拟桥梁结构的力学特性,所建立的计算模型应如实反映结构的刚度和质量分布及边界连接条件。建立大跨度桥梁的计算模型时,应满足以下要求:

(1) 大跨度桥梁结构主桥一般通过过渡孔与中小跨径引桥相连,因此主桥与引桥是互相影响的;另外,由于大跨径桥梁结构主桥与中小跨径引桥的动力特性差异,会使主、引桥在连接处产生较大的相对位移,从而导致落梁震害。因而,在结构计算分析时,应建立主桥与相邻引桥孔(联)耦联的计算模型。另外,大跨度桥梁的特性决定了其动力特性和地震反应的空间性,因而需要建立三维空间计算模型。

(2) 大跨度桥梁的几何非线性主要来自三个方面:①斜拉桥拉索及悬索桥的主缆的垂度效应,一般用等效弹性模量模拟;②梁柱效应,即梁柱单元轴向变形和弯曲变形的耦合作用,一般引入几何刚度矩阵模拟,只考虑轴力对弯曲刚度的影响;③大位移引起的几何形状变化,研究表明大位移引起的几何形状变化对结构地震响应影响较小,一般可忽略。

(3) 边界连接条件应根据具体情况进行模拟。反应谱法只能用于线性分析,边界条件只能线性等效模拟;而时程分析法可以精细地考虑各种非线性因素,建立计算模型时可真实地模拟结构的边界条件和墩柱的弹塑性。

11.2.8 当桥梁长度比较大时,行波效应会影响桥梁结构的地震反应,抗震设计中宜考虑这一影响因素。地震反应分析中,可根据支承点的间距除以视波速来计算地震输入的滞后时间,对地震加速度时程进行转换即可。而地震动水平视波速应通过对工程场地地震环境的评价确定。视波速 v_p 是指剪切波在地表水平方向的传播速度(图 11-1),可通过剪切波速 v_s 和入射角 θ_s 确定。参考欧洲桥梁抗震设计规范设计人员手册(Designers' Guide to Eurocode 8: Design of Bridges for Earthquake Resistance: EN 1998-2),一般情况下地震动水平视波速大于 1 000 m/s。因此,当无可靠依据时,可取大于 1 000 m/s 的多个视波速进行参数分析,取最不利的视波速进行抗震设计。

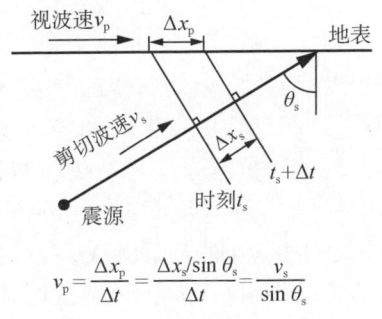

图 11-1 视波速与剪切波速关系图示

11.2.9 当桥址场地存在地质不连续或不同的地形地貌特征时,地震动会具有空间变化特性,宜进行多点激振下的地震反应分析。由地震安全性评价报告给出的设计地震动参数,宜采用二维或三维场地模型进行场地地震反应分析。

11.2.11 本标准给出了上海大跨度桥梁的各种典型约束体系,但大跨度桥梁结构形式多样,约束体系不尽相同,具体设计时,应根据每座桥梁的自身特点,对粘滞阻尼器的阻尼力及速度指数、钢阻尼器的屈服力及屈后刚度、减隔震支座的屈服力及屈后刚度、限位装置的刚度等进行参数分析,以确定减隔震装置的合理选型、布置形式及力学参数。

11.3 性能要求与抗震验算

11.3.1,11.3.2 本标准要求大跨度桥梁在 E2 地震下基本保持弹性,在这种情况下,对于主要受力构件,E1 地震反应一般不控制设计。因此,在 E1 地震下,可根据桥梁具体情况进行简单验算,重点对斜拉桥和悬索桥的过渡墩和辅助墩、拱桥拱上立柱等允许 E2 地震下发生损伤的构件,按本标准第 7.2.1 条进行强度验算。

在 E2 地震下,应分别将纵桥向和横桥向地震作用效应按本标准第 5.5.2 条组合后,对桥梁各构件进行全面的性能验算。主缆、斜拉索、吊索、钢桥塔、钢桁架梁等钢结构,应进行应力验算,其中钢桥塔和钢桁架梁应考虑局部屈曲的影响。混凝土主塔、主拱、有推力拱桥的桥墩、基础等可发生局部轻微损伤的受力构件,应进行强度验算,此时截面抗弯强度可取按材料标准强度计算的等效屈服弯矩。在地震过程中,截面弯矩达到等效屈服弯矩时,截面上部分钢筋进入屈服,构件表面出现裂缝,但是由于地震持续时间很短,地震后在结构自重作用下,裂缝通常可闭合,不影响结构耐久性。桥梁支座可按本标准第 7.4.6 条进行强度或位移能力验算。而斜拉桥和悬索桥的过渡墩和辅助墩、拱桥拱上立柱等可按延性构件设计但应控制损伤程度的构件,根据本标准第 7.3 节的要求,按乙类桥进行位移能力验算。

11.3.3 大跨度桥梁的引桥通常采用常规梁式桥,主、引桥的纵向基本周期差异较大,地震作用下主、引桥之间通常会产生较大的相对位移,甚至导致相邻引桥的落梁。因此,本条要求伸缩缝在 E1 地震下保持正常功能,增加桥梁伸缩缝的验算要求;在 E2 地震作用下,如主、引桥之间发生碰撞,会造成桥梁结构的严重损伤,增加主、引桥结构的间距验算要求。

12 抗震措施

12.0.1 尽管工程场地可能遭受的地震具有不确定性,但历次大地震的震害表明,从震害经验中总结出来或经基本力学概念启示得到的一些构造措施被证明可有效地减轻桥梁的震害。如主梁与桥墩之间适当的连接措施可防止落梁,但这些构造措施不应影响桥梁的正常使用功能和减隔震装置的性能发挥。

如构造措施的采用对桥梁地震响应的计算结果有较大的改变,在进行抗震分析时,应考虑抗震措施的影响,抗震措施应根据其承受的地震力进行设计。

12.0.3 桥梁梁端至墩、台帽或盖梁边缘应有一定的距离是最有效的防落梁措施,结合美国 ASSHTO 桥梁抗震设计规范(2011),综合考虑桥梁的墩高因素,给出梁式桥上部结构搭接长度的计算公式。当采用可靠的防落梁装置时,可适当减小梁端至墩、台帽或盖梁边缘的距离。

12.0.7 挡块是目前我国普遍采用的防落梁措施,因抗震规范中缺乏挡块抗震能力的计算公式,挡块设计参差不齐,地震作用下挡块的破坏机理不明确。参考美国 AASHTO 桥梁设计规范(2017)及 CALTRANS 抗震设计规范(Version 1.7, 2013),本条给出了挡块的构造要求和抗剪能力计算方法。原则上,挡块的水平承载能力应比桥墩和基础的水平承载能力低,以保证挡块先于桥墩或基础破坏。

整体式混凝土挡块是目前国内普遍采用的挡块形式。滑移式混凝土挡块是将挡块和盖梁进行构造分离的一种隔震型挡块形式,在挡块与盖梁之间设置干施工缝,形成剪切薄弱面,挡块的构造钢筋不可伸入盖梁,剪切钢筋单独布置为一排,地震作用下挡块和盖梁的接触面上形成一个滑动受剪机制,按预设的界面发生滑移破坏。相比整体式挡块,滑移式挡块的变形能力和耗能能力更强,破坏模式更明确。

整体式挡块破坏模式主要由盖梁顶部纵向抗拉钢筋决定。水平抗拉钢筋不足时挡块发生斜剪破坏[图 12-1(a)],水平抗拉钢筋足够时挡块发生平剪破坏[图 12-1(b)]。滑移式挡块主要表现为滑移破坏(图 12-2),但盖梁水平抗拉钢筋不足时仍可能发生斜剪破坏。因此,挡块传递至盖梁的水平力主要由盖梁顶的水平抗拉钢筋承受,配置足够的抗拉钢筋可限制斜裂缝的发展,以避免发生斜剪破坏,减轻盖梁的受损程度。

(a) 斜剪破坏　　　　　　　(b) 平剪破坏

图 12-1　整体式挡块破坏模式

图 12-2　滑移式挡块破坏模式——滑移破坏

国内外已有学者对混凝土挡块开展了一系列试验研究。对整体式挡块,徐略勤、郑万山、徐梁晋、韩强及Kottari等人对剪切钢筋与水平拉筋的相对数量、剪切钢筋的位置、加载位置、挡块高厚比、箍筋形式等参数的影响开展了试验研究,并得出以下结论:①合理选取剪切钢筋与水平拉筋的相对数量,可保证挡块的破坏发生在连接面附近;②剪切钢筋靠近受力面相比靠近挡块的中心位置,挡块抗剪强度更大;③挡块抗剪强度随加载高度增加而减小;④挡块厚度增加可提高挡块抗剪强度;⑤箍筋形式对挡块抗剪强度的影响不大。

对滑移式挡块,徐略勤及Kottari等人对剪切钢筋的数量和规格、水平抗拉钢筋的数量等参数的影响开展了试验研究,并得出以下结论:①水平拉筋决定挡块的破坏模式,水平拉筋不足时仍可能发生斜剪破坏;②剪切钢筋的规格对挡块强度的影响不大。

针对本条给出的挡块抗剪能力计算方法,基于国内外相关的文献进行了分析验证,其计算结果见表12-1和表12-2。参考文献有《钢筋混凝土横向挡块抗震性能试验研究》(徐略勤)、《桥梁抗震挡块拟静力试验研究》(郑万山、唐光武)、《地震及超高车辆撞击下功能可恢复混凝土连续梁桥研究》(徐梁晋)、"*Seismic behavior of reinforced concrete sacrificial exterior shear keys of highway bridges*"(韩强)和"*Horizontal Load Resisting Mechanisms of External Shear Keys in Bridge Abutments*"(Kottari)。表12-1中抗冲剪承载力是指整体式挡块发生斜剪破坏的承载力,参考美国AASHTO桥梁设计规范(2017)计算:

$$V_n = 0.336\sqrt{f_{ck}}d_e B \qquad (12-1)$$

式中: V_n——抗冲剪承载力(N);

d_e——挡块截面有效高度(mm),见图12-3;

B——挡块截面宽度(mm);

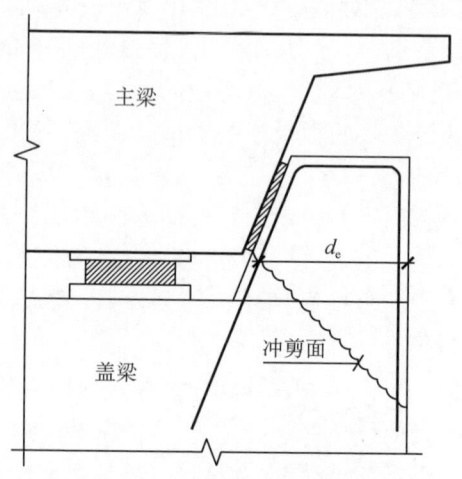

图 12-3　挡块斜剪破坏示意图

尽管试验结果具有一定的离散性,理论公式仍可较好地反映挡块的承载能力。

表 12-1　整体式挡块承载能力计算

文献作者	文献挡块编号	破坏模式	A_{sh}/A_{sk}	抗剪承载力 F_{sk} (kN)	抗冲剪承载力 V_n (kN)	挡块实测强度 V_u (kN)	F_{sk}/V_u 或 V_n/V_u
徐略勤	1A	斜剪破坏	0.5	1 111	404	458	0.88
	1B	斜剪破坏	0.5	1 111	404	582	0.69
	2A	斜剪破坏	1.0	808	404	507	0.80
	2B	斜剪破坏	1.0	808	404	435	0.93
	3A	斜剪破坏	2.8	1 111	404	572	0.71
	3B	斜剪破坏	2.8	1 111	404	732	0.55
	4A	斜剪破坏	4.2	706	216	377	0.57
	4B	平剪破坏	4.2	706	404	649	1.09

续表12-1

文献作者	文献挡块编号	破坏模式	A_{sh}/A_{sk}	抗剪承载力 F_{sk} (kN)	抗冲剪承载力 V_n (kN)	挡块实测强度 V_u (kN)	F_{sk}/V_u 或 V_n/V_u
郑万山，唐光武	SSK-1	斜剪破坏	未说明	1 449	313	347	0.90
	SSK-2	斜剪破坏		1 449	313	342	0.91
	SSK-3	斜剪破坏		1 449	313	386	0.81
	SSK-4	斜剪破坏		1 691	369	402	0.92
	SSK-5	斜剪破坏		1 933	424	474	0.90
徐梁晋	JZ-1	斜剪破坏	1.7	2 527	553	688	0.80
	JZ-2	斜剪破坏	1.7	2 527	564	743	0.76
	DZ-U	斜剪破坏	2.5	2 022	570	581	0.98
	DZ-G	斜剪破坏	1.3	2 527	549	697	0.79
	DZ-B	斜剪破坏	1.7	2 527	540	693	0.78
	DZ-H	斜剪破坏	1.7	2 527	557	741	0.75
	DZ-BH	斜剪破坏	1.7	2 527	550	710	0.77
韩强	S1	斜剪破坏	0.5	1 251	344	483	0.71
	S2	斜剪破坏	0.8	974	344	355	0.97
	S3	斜剪破坏	1.5	697	198	262	0.76
	S4	斜剪破坏	1.8	1 251	344	463	0.74
	S5	斜剪破坏	2.7	974	344	371	0.93
	S6	斜剪破坏	5.3	697	198	303	0.65
Kottari	8A	平剪破坏	9.6	1 001	424	1 272	0.79
	8B	平剪破坏	9.6	1 001	424	881	1.14
	9A	平剪破坏	5.7	1 186	441	1 486	0.80
	9B	平剪破坏	5.7	1 186	441	1 392	0.85
	10A	平剪破坏	9.6	1 002	507	1 486	0.67
	10B	平剪破坏	9.6	1 002	507	1 112	0.90
	12A	斜剪破坏	9.6	866	388	320	1.21
	12B	斜剪破坏	5.7	1 046	388	387	1.00

注：平剪破坏取 F_{sk}/V_u，斜剪破坏取 V_n/V_u。

表 12-2 滑移式挡块承载能力计算

文献作者	文献挡块编号	破坏模式	A_{sh}/A_{sk}	抗剪承载力 F_{sk} (kN)	挡块实测强度 V_u (kN)	F_{sk}/V_u
徐略勤	5A	滑移破坏	4.2	260	327	0.80
	5B	滑移破坏	4.0	244	318	0.77
	6A	滑移破坏	4.2	521	472	1.10
	6B	滑移破坏	3.0	870	656	1.33
Kottari	7A	滑移破坏	1.5	692	632	1.09
	7B	滑移破坏	2.3	448	587	0.76

12.0.8 采用减隔震设计的桥梁,本标准要求挡块与梁体之间设置足够的间隙,在遭遇超过设防烈度的强震时,在减隔震装置充分发挥作用的基础上,滑移式挡块可进一步提供位移和耗能能力,最大限度减轻桥梁下部结构的损伤。

对非减隔震桥梁,根据本标准第 3.4.5 条和第 3.4.6 条,如支座水平抗剪能力不满足要求,应通过计算设置连接梁体和墩柱间的受力挡块,挡块应能承受支座所受的水平地震力,挡块的抗剪需求较大。因此,宜采用整体式挡块,并要求挡块靠近梁体设置。

附录 A 地面加速度时程曲线

A.0.1 本附录针对本标准中抗震设防类别为乙类的桥梁,分别以Ⅲ类、Ⅳ类场地的 E1、E2 地震设计反应谱为目标反应谱,给出了 4 组地震加速度时程,每组 7 条。

E1 地震设计反应谱,地震调整系数 $C_i=0.61$,Ⅲ类场地地震动峰值加速度调整系数 $C_s=1.30$,Ⅳ类场地地震动峰值加速度调整系数 $C_s=1.25$,阻尼调整系数 $\eta_2=1$,因此,两类场地峰值加速度分别为 $A=0.079\ 3g$ 和 $A=0.076\ 25g$,其设计反应谱如图 A-1(a)所示。抗震设防类别为乙类的桥梁可直接采用本附录的地震动加速度时程进行地震反应分析,而丙、丁类桥梁需根据地震调整系数的不同进行幅值调整。

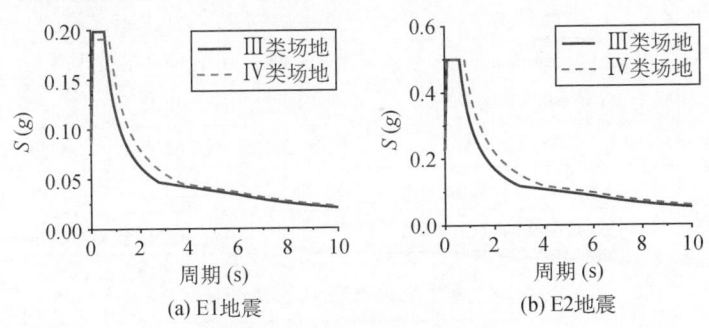

(a) E1地震　　　　(b) E2地震

图 A-1　目标设计反应谱

E2 地震设计反应谱,地震调整系数 $C_i=2.2$,Ⅲ类、Ⅳ类场地的地震动峰值加速度调整系数均为 $C_s=1.00$,阻尼调整系数 $\eta_2=1$,因此,两类场地峰值加速度均为 $A=0.22g$,其设计反应谱如图 A-1(b)所示。抗震设防类别为乙、丙类的桥梁,E2 地震调整系数均为2.2,可直接采用本附录的地震动加速度时程进行地震反应分析。

每组地震加速度时程包含2条人工地震加速度时程和5条实际地震加速度时程。其中,实际地震加速度时程是在已有地震动记录的基础上进行反应谱匹配后得到的。所选取的地震动记录来自美国太平洋地震中心强震数据库(PEER Strong Ground Motion Database),见表A-1～A-4所示。

表 A-1　Ⅲ类场地 E1 选取实际地震记录

序号	地震名称	地震动加速度时程记录
1	El Centro Array #9	RSN9_BORREGO_B-ELC000.AT2
2	Codroipo	RSN122_FRIULI.A_A-COD000.AT2
3	Calipatria Fire Station	RSN163_IMPVALL.H_H-CAL225.AT2
4	Iwate_Japan	RSN5471_IWATE_AKT016NS.AT2
5	Iwate_Japan	RSN5676_IWATE_MYG017EW.AT2

表 A-2　Ⅳ类场地 E1 选取实际地震记录

序号	地震名称	地震动加速度时程记录
1	Loma Prieta	RSN760_LOMAP_MEN270.AT2
2	Chi-Chi_Taiwan	RSN1334_CHICHI_ILA044-N.AT2
3	Niigata_Japan	RSN4151_NIIGATA_FKS020NS.AT2
4	Niland Fire Station	RSN186_IMPVALL.H_H-NIL090.AT2
5	Hollister Differential Array #3	RSN464_MORGAN_HD3255.AT2

表 A-3　Ⅲ类场地 E2 选取实际地震记录

序号	地震名称	地震动加速度时程记录
1	Imperial Valley-02	RSN6_IMPVALL.I_I-ELC180.AT2
2	Imperial Valley-06	RSN165_IMPVALL.H_H-CHI012.AT2
3	Imperial Valley-06	RSN184_IMPVALL.H_H-EDA270.AT2
4	Victoria_Mexico	RSN266_VICT_CHI102.AT2
5	Westmorland	RSN319_WESMORL_WSM090.AT2

表 A-4　Ⅳ类场地 E2 选取实际地震记录

序号	地震名称	地震动加速度时程记录
1	Morgan Hill	RSN452_MORGAN_A01040.AT2
2	Loma Prieta	RSN732_LOMAP_A02043.AT2
3	Loma Prieta	RSN759_LOMAP_A01000.AT2
4	Iwate_Japan	RSN5676_IWATE_MYG017NS.AT2
5	Christchurch_New Zealand	RSN8123_CCHURCH_REHSN02E.AT2

每一组地震动加速度时程所对应的反应谱如图 A-2～A-5 所示，与目标反应谱相比，均取得较好的拟合效果。

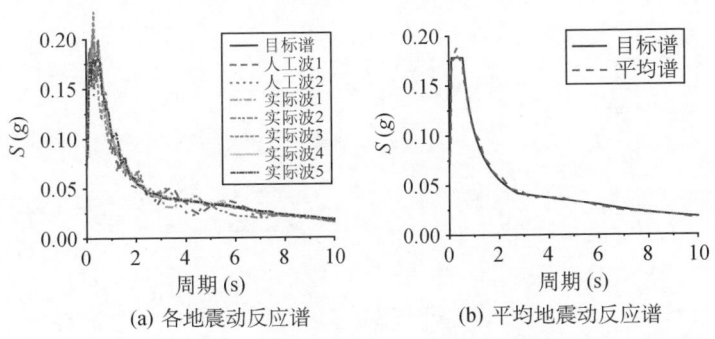

图 A-2　Ⅲ类场地 E1 地震动反应谱

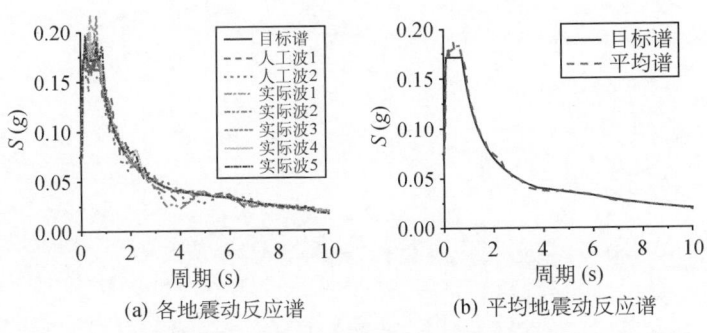

图 A-3　Ⅳ类场地 E1 地震动反应谱

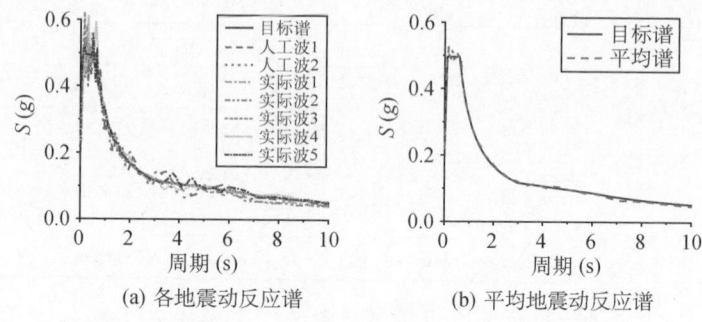

图 A-4　Ⅲ类场地 E2 地震动反应谱

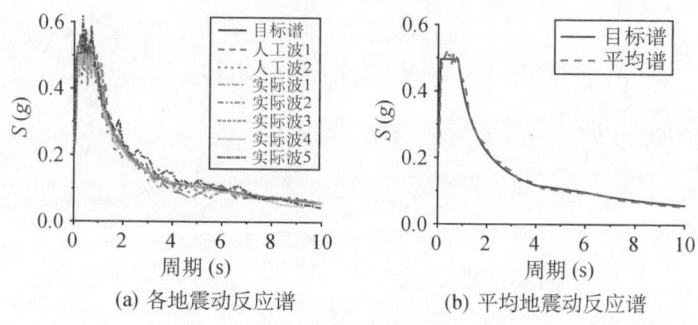

图 A-5　Ⅳ类场地 E2 地震动反应谱

附录 B 上海典型高架桥梁抗震体系

B.2 30 m 小箱梁桥(六车道主线)

B.2.3 根据本标准第 6.6 节,以最不利工况单桩桩身强度达到极限状态为控制值,进行不同立柱高度下的墩柱纵、横向推倒分析,计算考虑超强弯矩影响的墩柱纵、横向最大水平力,并考虑承台惯性力及承台侧土抗力的影响(本标准第 6.6.9 条),得到传递至承台底的纵、横向最大水平力。不同立柱高度的纵、横向基础与墩柱在承台底处的最大水平抗力见图 B-1。

图 B-1 表明,对应基础单桩桩顶配筋率 2.0%,立柱高度 10 m~15 m 的截面尺寸采用 2.0 m×1.5 m,高度 15 m 以上的采用 2.3 m×1.7 m,可满足延性体系基础强于墩柱的要求。立柱高度 10 m 以下的桥梁,难以满足延性体系所要求的基础强于墩柱的要求,宜采用减隔震体系。

根据本标准第 3.5.7 条,小箱梁桥减隔震设计可采用铅芯橡胶支座。减隔震支座的水平地震力仅与支座类型和目标位移相关,对墩高变化不明显,对应上海Ⅲ类和Ⅳ类场地类别,E2 地震作用下,减隔震体系铅芯橡胶支座的变形需求分别为 80 mm 和 100 mm,减隔震体系传递至承台底的总水平力通常在 4 500 kN 以下。对于立柱高度 10 m 以下的桥梁,立柱截面尺寸采用 2.0 m×1.5 m,基础单桩桩顶配筋率 1.2%,可满足减隔震体系所要求的基础和墩柱水平承载力高于支座的要求;立柱高度 10 m~15 m 的桥梁,立柱截面尺寸采用 2.3 m×1.7 m,基础单桩桩顶配筋率 1.6%,亦可满足减隔震体系的要求。

小箱梁桥还可采用较为经济的拟减隔震体系,即板式橡胶支

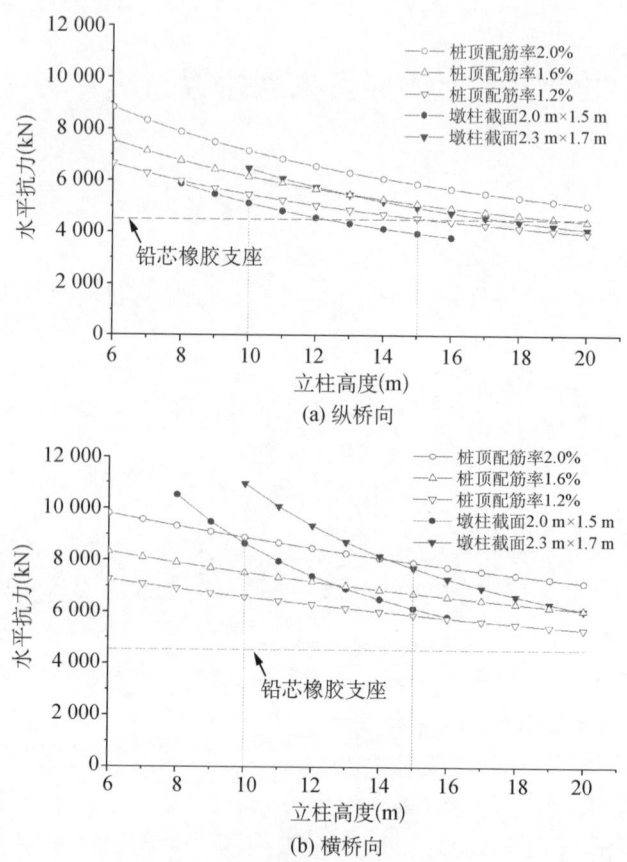

图 B-1 基础与墩柱的水平抗力

座+钢阻尼器的组合体系,见图 B-2。当采用四跨一联结构简支桥面连续体系时,纵向钢阻尼器在中间墩处设置 2 套,横向钢阻尼器在两个次边墩处各设置 1 套。该体系允许地震下板式支座与梁底调平钢板间产生滑动,利用摩擦耗能,因此梁底调平钢板的平面尺寸应满足板式橡胶支座的滑动要求,钢阻尼器不仅可耗能,还可提供一个稳定的水平约束力下限值。

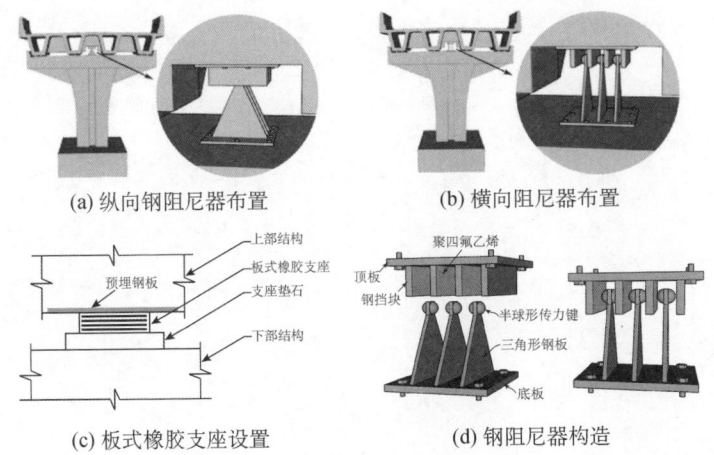

图 B-2 小箱梁桥的拟减隔震体系

B.3 30 m 小箱梁桥(两车道匝道)

B.3.3 图 B-3 表明,立柱高度 8 m 以上的桥梁,基础的单桩桩顶配筋率采用 2.0%,可满足延性体系基础强于墩柱的要求。立柱高度 8 m 以下的桥梁,难以满足延性体系所要求的基础强于墩柱的要求,宜采用减隔震体系。

根据本标准第 3.5.7 条,小箱梁减隔震设计采用铅芯橡胶支座。对应上海Ⅲ类和Ⅳ类场地类别,E2 地震作用下,减隔震体系铅芯橡胶支座的变形需求分别为 80 mm 和 100 mm,减隔震体系传递至承台底的总水平力通常在 1 500 kN 以下。立柱高度 12 m 以下的桥梁,基础单桩桩顶配筋率 1.2%,可满足减隔震体系所要求的基础和墩柱水平承载力高于支座的要求。

小箱梁桥还可采用较为经济的拟减隔震体系,即板式橡胶支座+钢阻尼器的组合体系,见图 B-2。

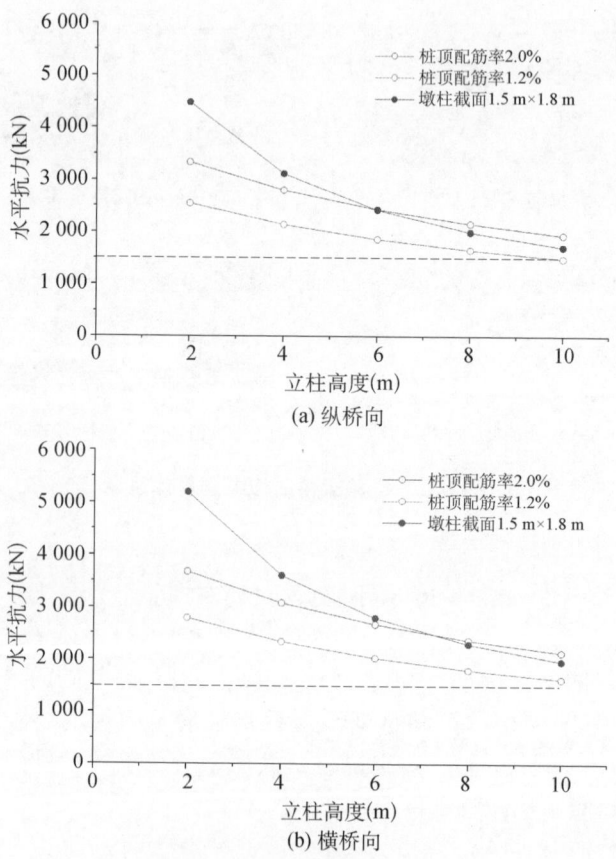

图 B-3 基础与墩柱的水平抗力